本书获得西南绿色发展研究院智库和云南林业经济研究智库资助

国家社会科学基金项目（14XJY012）研究成果

林业专业合作组织满意度评价及影响因素研究

张连刚◇著

中国社会科学出版社

图书在版编目（CIP）数据

林业专业合作组织满意度评价及影响因素研究/张连刚著．—北京：中国社会科学出版社，2018.5
ISBN 978－7－5203－1402－2

Ⅰ.①林…　Ⅱ.①张…　Ⅲ.①林业—合作组织—研究—中国　Ⅳ.①F326.25

中国版本图书馆 CIP 数据核字(2017)第 273453 号

出 版 人　赵剑英
责任编辑　卢小生
责任校对　周晓东
责任印制　王　超

出　　版　中国社会科学出版社
社　　址　北京鼓楼西大街甲 158 号
邮　　编　100720
网　　址　http：//www.csspw.cn
发 行 部　010－84083685
门 市 部　010－84029450
经　　销　新华书店及其他书店

印　　刷　北京明恒达印务有限公司
装　　订　廊坊市广阳区广增装订厂
版　　次　2018 年 5 月第 1 版
印　　次　2018 年 5 月第 1 次印刷

开　　本　710×1000　1/16
印　　张　13.25
插　　页　2
字　　数　201 千字
定　　价　56.00 元

摘　要

截至2015年年底，我国林合组织数量达13万多个。在林合组织迅速发展的同时，我们禁不住要思考一些至关重要的问题：现有的林合组织是否充分发挥了其应有功能？林合组织的主体——农民对林合组织运行是否满意？满意度评价如何？影响林合组织满意度的因素是什么？等等，不深入研究和解决这些问题，提高农户满意度与壮大林合组织规模就难以落到实处，进而也就无法充分发挥合作组织激发农村生产要素潜能的作用。因此，提高林合组织成员的满意度是首要考虑的问题。在评价林合组织成员及利益相关者满意状况的基础上，本书深入分析了林合组织成员满意度的影响因素及作用机理，这对于完善林合组织发展具有重大的现实意义。

本书综合运用了跨学科分析法、定性分析法、定量分析法、案例分析法进行研究。跨学科分析法的应用主要体现在：综合运用了经济学、管理学、社会学、心理学等学科，使这些学科在满意度评价及影响因素分析的研究过程中得以深度融合。定量分析法的应用主要体现在：利用AMOS软件，应用验证性因素分析方法，对认知度、服务度、参与度与满意度四个潜变量之间关系、组织支持感与合作社成员退出意愿的关系两个问题进行实证分析。应用多元回归分析方法分析了内部社会资本和组织认同对成员满意度影响的显著性，以及成员参与、组织支持对成员满意度影响的显著性。引入模糊数学理论，应用多层次模糊综合评价方法，分别从农户和利益相关者视角对林合组织满意度进行评价。定性分析法的应用主要体现在：运用归纳和演绎方法，揭示参与度、信任度、服务度等变量与满意度变量之间的关系；运用人员访谈法，定性了解农户对林合组织满意度状况及林合组织服务供给状况。案例分析法方面，本书选择了能够反映林合组织发展实际情况的两个案例点进行深入剖析。

本书的研究内容主要包括以下几个方面：

（1）基础理论。在对林合组织进行影响因素分析及满意度评价之前，有必要对林合组织发展的基础理论进行分析。本书主要从交易成本理论、信息不完全和不对称理论、专业化分工理论等方面阐述分析了林合组织的基础理论，为后文分析奠定了基础。

（2）林合组织满意度的影响因素分析。本书除从人口统计变量、政府角色定位的认知差异等方面分析其对成员满意度的影响以外，还构建了三个理论模型，并利用调查数据进行实证分析。第一，构建了认知度、服务度、参与度和满意度四个变量之间的理论模型，应用AMOS软件，验证分析各个变量对满意度变量的作用方向和影响程度。第二，将社会资本和组织认同作为主要解释变量引入研究模型，深入分析它们对成员满意度的影响。第三，借鉴组织支持感理论，构建以成员参与为调节变量，组织支持感对成员满意度影响的理论模型。

（3）林合组织满意度评价。首先，分别从林合组织和利益相关者的视角，构建满意度评价指标体系。其次，分别从农户和林合组织利益相关者角度，应用模糊综合评价法进行满意度综合评价实证分析。

（4）案例分析。分别从农户专业合作社和股份合作林场中选择一个典型，作为林合组织的代表，采用人员访谈等方法，定性、定量地分析林合组织成员满意度。

（5）提升路径。在研究结论归纳的基础上，从农户、政府和组织三个层面提出提升林合组织成员及利益相关者满意度的措施建议。

本书的主要研究结论包括：第一，农户对林合组织的总体满意度适中，但农户对林合组织在民主、服务和分配等方面的满意度存在一定差异。第二，农户对林合组织认知程度偏低。第三，内部社会资本、组织认同和组织支持感是影响成员满意度的重要因素。第四，林合组织管理制度不健全。部分林合组织的章程形同虚设，部分林合组织章程和规章制度流于形式，还有一些合作组织没有自己的财务人员，财务混乱。第五，林合组织整体规模偏小，带动能力弱。第六，林合组织发展政策扶持力度不够，部分政策落实不到位。第七，政府在林合组织发展过程中的角色定位不清晰。

本书的主要贡献：第一，编制了林合组织成员及利益相关者满意度和相关概念的测度问卷或量表。第二，将社会资本（内部社会资本）、组织认同、组织支持感等变量引入满意度影响因素理论模型。第三，综合应用跨学科分析法、定性分析法、定量分析法和案例分析法等方法，对林合组织成员满意度进行研究。第四，细分农业合作组织，具体到林合组织以及某一类型的林合组织进行分析。从林合组织角度进行分析，可以使合作组织的研究更全面、更深入，从而更加准确地把握农户对林合组织满意度状况及满意度影响因素及作用机理。第五，从农户、政府和组织三个层面提出提升林合组织成员及利益相关者满意度的实施路径。

目　录

第一章　导论

第一节　选题背景

一　现实背景

党中央和国务院一直高度重视林业专业合作组织（以下简称“林合组织”）发展问题。2013 年，国家林业局印发《关于加快林业专业合作组织发展的通知》（以下简称《通知》）。《通知》要求，要“强化措施，不断落实林合组织发展政策”，“加强组织领导，积极推进林业专业合作组织建设”。自 2010 年以来，“中央一号文件”中多次提出提升合作组织组织化程度的实施意见（见附录）。2010 年“中央一号文件”明确指出，“规范集体林权流转，支持发展农户专业合作社”。2013 年“中央一号文件”明确指出，“培育新型生产经营主体，新增加的农业补贴要向家庭农场、农民合作社等新型生产经营主体倾斜”。2014 年“中央一号文件”指出要“鼓励发展专业合作、股份合作等多种形式的农民合作社”。2015 年“中央一号文件”指出，“引导农民专业合作社拓宽服务领域，促进规范发展，深入推进示范社创建行动”，“引导农民以土地经营权入股合作社和龙头企业”。2016 年“中央一号文件”指出，“鼓励发展股份合作，引导农户自愿以土地经营权等入股龙头企业和农民合作社”，“加强农民合作社示范社建设，支持合作社发展农产品加工流通和直供直销”。通过对 2010 年以来的“中央一号文件”梳理，可以看出，党中央和国务院对合作组织发展问题高度重视，并在合作社示范社和合作社股份化等方面提出了进一步要求。这些文件和要求也为我国进一步发展合作组织指明了方向。

林合组织既是为农户服务的重要载体，也是林业科技推广重要的载体。林合组织的发展有助于实现其向规模化、专业化经营转变，提升林业组织化程度。林合组织的发展对于促进农民增收，实现生态林业与民生林业协调发展具有重要的意义，尤其是对于老、少、边、穷地区的农民实现精准脱贫具有更重要的意义。2008 年，我国全面推进集体林权制度改革以来，我国林合组织发展迅速。截至 2015 年年底，我国林合组织数量达 13 万多个。在林合组织迅速发展的同时，我们禁不住要思考一些至关重要的问题：现有的林合组织是否充分发挥其应有功能？林合组织的主体——农民对林合组织运行是否满意？满意度评价如何？影响农民满意度的因素是什么？等等，不深入研究和解决这些问题，提高农户满意度与壮大林合组织规模就难以落到实处，进而也就无法充分发挥合作组织激发农村生产要素潜能的作用。因此，提高农户对林合组织满意度是首要考虑的问题。在评价林合组织成员及利益相关者满意状况的基础上，本书深入分析了林合组织成员满意度的影响因素及作用机理，这对于完善林合组织发展具有重大的现实意义。

二　理论背景

随着林合组织的兴起与发展，林合组织研究逐渐成为林业经济和“三农”领域的研究热点之一，学术界关于林合组织以及农户合作社的研究成果也较为丰富。通过对现有相关文献进行梳理，可以看出学术界对于合作组织问题的研究大致可以分为两个阶段。

第一阶段，合作组织发展基本问题的研究。这一阶段，合作组织相关问题的研究主要表现为以下几个方面：（1）合作组织发展的制约因素（A. Harris、B. Stefanson 和 M. E. Fulton，1996；黄祖辉等，2009；廖文梅、孔凡斌，2012；徐宏潇等，2015；黎藜等，2016）；（2）合作组织发展存在的问题（孔祥智等，2009；谢和生、李智勇，2010；M. L. Cook 和 M. J. Burress，2015）；（3）农户参与合作组织的意愿及制约因素（H. A. Dakurah、E. Goddard 和 N. Osuteye，2005；徐旭初等，2012；国鲁来，2008；徐建春等，2014）。通过分析可以看出，这一阶段的研究主要集中于合作组织发展基本问题的研究，比如，农户参与合作组织的意愿、合作组织发展的制约因素、合作组织发展存在的基本问题等。这些问题的研究和解决，对处于发展初期的合作组织来说至关重要。

第二阶段，合作组织规范化和可持续发展问题的研究。这一阶段，合作组织相关问题的研究主要集中在以下几个问题：（1）农户对合作组织满意度问题研究（Gray，1998；C. Bruynis、P. Goldsmith、D E. Hahn等、徐建春等，2014；孔露等，2016）；（2）合作组织的成员异质性问题研究（邵科等，2013；邓宏图、鹿媛媛，2014；杨丹等，2015；应瑞瑶等，2016）；（3）合作组织的治理机制和治理结构问题研究（Cook，1993；黄胜忠等，2008；孔祥智、蒋忱忱，2010；徐旭初、吴彬，2010；崔宝玉、谢煜，2014）；（4）合作社法律的制定和修改问题（李秀丽、李东海，2009；任大鹏、王敬培，2015；宇龙，2016；马惊鸿，2016）；（5）合作组织开展信用合作的问题研究（苑鹏、彭莹莹，2013；薛桂霞、孙炜琳，2013；高强、张照新，2015）；（6）股份合作社以及合作社联社等合作组织创新问题研究（林乐芬、王军，2010；冀县卿、钱忠好，2010；何安华，2015；周振、孔祥智、穆娜娜，2014；刘滨、黎汝、康小兰，2016）。

综上可以看出，合作组织的发展阶段大致决定了理论界关于合作组织问题研究的方向。这也说明，理论界对于合作组织相关问题的研究需要从实际问题出发，最大可能地研究分析合作组织发展过程中亟待解决的问题。通过梳理现有相关文献可以看出，目前国内外关于合作组织满意度问题的研究已经受到许多学者的关注。然而，现有相关文献在对满意度问题进行研究时，仍然存在两个突出的问题：其一，满意度影响因素的理论分析薄弱。现有的大多数文献从农户特征、组织特征角度进行分析，未能够借鉴内部社会资本、组织认同、组织支持感等社会学或管理学的理论进行研究。其二，满意度评价的理论基础薄弱。现有相关文献在进行评价指标选择时，大多数缺乏理论基础分析，而且较少文献从利益相关者视角进行满意度评价的理论与实证分析。本书试图解决以上两个问题，在一定程度上完善满意度评价及影响因素的相关理论。

三 政策背景——基于“中央一号文件”的政策回顾

改革开放以来，在1982—1986年、2004—2016年，中共中央、国务院先后发布了18个以“三农”为主题的“中央一号文件”。这些“中央一号文件”虽然不是系统发布的中国农民合作社（以下简称合作社）发展政策，却是根据中国“三农”问题发展具体实践制定的促进合作社发展的重要文件。截至2015年12月底，中国登记注册的合作社达153.1万家，实际入社农户10090万户，约占农户总数的42%。“十二五”期间，合作社数量增长近3倍，农户入社率提高近31个百分点（房宁，2016）。在中国合作社数量快速增长的背景下，认真梳理历年来“中央一号文件”中促进合作社发展相关政策的精神实质，找出合作社的发展定位以及政策走向，以探求从“顶层设计”视角改进合作社供给政策，提升政府相机抉择的科学性，把中国合作社发展引向深入，推进合作社发展与精准扶贫相结合，对全面实现贫困农民脱贫具有重要意义。

（一）“中央一号文件”关于农民合作社的名称及发展定位演变

1. 农民合作社的名称演变

通过历年的“中央一号文件”可以看出，我国合作社的名称演变主要分为四个阶段（见表1-1）。1982—1986年“中央一号文件”中，合作社的名称表述为地区性合作经济组织，2004—2007年“中央一号文件”则将其名称改为农民专业合作组织，2008年“中央一号文件”中农民专业合作组织和农民专业合作社两个称谓并存。不管是学术界还是实务界，合作社的称谓不统一，较为混乱。在没有弄清楚合作社名称的前提下，王维平和杨智（2015）将《中华人民共和国农民专业合作社法》（以下简称《合作社法》）误写成《农民合作社组织法》。在《合作社法》颁布前，农业合作社的名称不统一，农业部称为农民专业合作经济组织，中华全国供销合作总社称为农村专业合作社，浙江省称为农民专业合作社，上海市称为合作社有限公司（马跃进，2007）。因此，规范合作社的发展，首先需要规范合作社的名称。从2009年起，“中央一号文件”将农民专业合作组织的称谓改为农民专业合作社。然而，在发展过程中，合作社不断超越了专业合作的经营和服务范围，创新发展了一些新型合作社类型，比如，土地股份合作社、合作社联合社等。这些新型合作社在一定程度上促进了合作社的发展，属于实践过程中的创新。为了鼓励合作社的创新与发展，充分反映现实合作社的发展需求，2013年以后，“中央一号文件”将合作社的名称改为农民合作社，不再突出其“专业”性。农民专业合作经济组织属于集体经济组织的范畴，从农民专业合作社到农民合作社，是农村集体经济组织的新发展（杨一介，2015）。目前，我国农村的合作社形式复杂多样，显然已非专业合作社可以涵盖（杨雅如，2013）。合作社名称的演变过程，既可以反映我国合作社的发展变化情况，又反映了中央政府对于合作社发展的认识深化过程（见表1－1）。

表1－1　“中央一号文件”关于农民合作社名称的演变过程

时间	“中央一号文件”中农民合作社名称的演变过程
1982—1986年	地区性合作经济组织
2004—2008年	农民专业合作组织、农民专业合作社
2009—2012年	农民专业合作社
2013年至今	农民合作社

2. 农民合作社发展定位的演变

合作社的定位直接关系到合作社的发展方向和发展趋势。2007年“中央一号文件”首次将合作社定位为“适应现代农业发展要求的经营主体”。2013年“中央一号文件”对合作社给予了很高的定位，从2007年的“经营主体”定位上升到“基本主体”“新型实体”和“有效载体”三个方面。2014年“中央一号文件”进一步将合作社定位为“新型农业经营主体”，这与2007年提出的“现代农业经营主体”定位有所不同，突出了“新型”二字，这也是中央政府首次提出“新型农业经营主体”的概念。2016年“中央一号文件”除沿用

2013年提出“新型农业经营主体”定位以外，进一步将合作社定位为“新型农业服务主体”。综上所述，2007年以来，“中央一号文件”对合作社的定位逐渐清晰，综合起来，可以概括为“五位一体”，即基本主体、新型实体、有效载体、经营主体和服务主体（见表1-2）。“中央一号文件”对合作社“五位一体”的定位，为中国合作社进一步明确创新发展路径提供了清晰的思路。

表1-2　“中央一号文件”关于农民合作社发展定位的政策内容

年份	发展定位	文件内容
2007	经营主体	培育现代农业经营主体。积极发展农民专业合作组织等各类适应现代农业发展要求的经营主体
2013	基本主体、新型实体、有效载体	农民合作社是带动农户进入市场的基本主体，是发展农村集体经济的新型实体，是创新农村社会管理的有效载体
2014	经营主体	扶持发展新型农业经营主体。鼓励发展专业合作、股份合作等多种形式的农民合作社，引导规范运行，着力加强能力建设
2016	经营主体、服务主体	坚持以农户家庭经营为基础，支持新型农业经营主体和新型农业服务主体成为建设现代农业的骨干力量。积极培育家庭农场、专业大户、农民合作社、农业产业化龙头企业等新型农业经营主体。支持多种类型的新型农业服务主体开展代耕代种、联耕联种、土地托管等专业化规模化服务

2013年“中央一号文件”指出，合作社是创新农村社会管理的有效载体。这是中央政府首次在“中央一号文件”中明确赋予合作社在创新农村管理方面的社会功能。在后农业税时代，农村治理发生了显著的变化，国家的基础权力在农村中的表现载体被削弱，农村与村民小组、村级组织之间的联系较为松散。这种扁平化的治理使村级组织在动员和整合资源配置等方面的能力大为下降。尤其是近年来，“新农合”“粮食直补”等惠农强农政策的实施，使农民与国家的联系绕过了村集体，由此使农民逐渐摆脱对地方性共同体的依赖（何可等，2015）。在农村集体经济组织的治理职能不断削弱和合作社迅猛

发展的双重背景下，中央政府希望合作社秉承民主平等和互帮互助的基本原则，搭建农民诉求和沟通平台，化解农民和农村内部的矛盾和冲突，在创新农村社会管理方面发挥一定的积极作用。然而，合作社创新社会管理功能的发挥如何具体体现在乡村治理方面？以合作社为依托成立的党组织如何发挥作用？这些问题又成为新时期党建工作面临的一个新问题。2010 年“中央一号文件”首次提出在农民专业合作社中推广建立党组织。随后，2013 年和 2014 年“中央一号文件”都指出，要加强合作社的党建工作，完善组织设置，理顺隶属关系（见表 1－3），使合作社成为改善乡村治理机制、实现农民增收和脱贫、推进农业产业化的重要抓手。

表 1－3　“中央一号文件”关于农民合作社乡村治理功能（党建工作）的政策内容

年份	文件内容
2010	推动农村基层党组织工作创新，扩大基层党组织对农村新型组织的覆盖面，推广在农民专业合作社、专业协会、外出务工经商人员相对集中点建立党组织的做法
2013	加强农民合作社党建工作，完善组织设置，理顺隶属关系，探索功能定位
2014	进一步加强农民合作社、专业技术协会等的党建工作，创新和完善组织设置，理顺隶属关系

（二）“中央一号文件”关于农民合作社政策的关注重点

1. 农民合作社法律制定、修订与落实

2004 年以来，“中央一号文件”有 6 次提到合作社法的制定或修订问题，一再提出这个问题，既说明合作社法律问题十分重要，也说明合作社法的制定和修订并不容易。与国外合作社发展的历程相比，中国合作社发展的时间较短，还处于初级阶段，合作社发展的实践经验较少，存在定位不清晰、发展不规范等诸多问题。因此，中国急需尽快制定一部引导、支持和规范合作社发展的法律。2006 年 10 月，《合作社法》正式颁布。为了让《合作社法》能够真正地发挥引导和

支持合作社发展的作用，2007—2008 年，即在《合作社法》正式实施的最初两年，中央政府重点工作在于督促各地和有关部门抓紧出台促进合作社发展的配套政策和具体实施细则。从 2007—2016 年《合作社法》实施的十年间，中国合作社发展迅速，但也出现了很多新情况：一方面表现为合作社发展创新与原有合作社法的冲突不断升级；另一方面，合作社发展也存在成员资格不清楚、发展不规范等诸多问题。这些问题急需通过新修订的《合作社法》给予明确和引导。因此，《合作社法》的修订又成了“中央一号文件”关注的新问题，在 2013 年和 2015 年的“中央一号文件”中都明确提出要修订《合作社法》（见表 1－4）。

表 1－4　“中央一号文件”关于农民合作社法律制定和修订的政策内容

年份	文件内容
2004	积极推进有关农民专业合作组织的立法工作
2006	积极引导和支持农民发展各类专业合作经济组织，加快立法进程
2007	认真贯彻农民专业合作社法，支持农民专业合作组织加快发展。各地要加快制定推动农民专业合作社发展的实施细则，有关部门要抓紧出台具体登记办法、财务会计制度和配套支持措施
2008	全面贯彻落实农民专业合作社法，抓紧出台配套法规政策
2013	抓紧研究修订农民专业合作社法
2015	逐步完善覆盖农村各类生产经营主体方面的法律法规，适时修改农民专业合作社法

2. 农民合作社的规范化和示范化建设

规范运行是合作社持续健康发展的基础与前提。当前，我国的合作社仍然存在诸多不规范运行现象：一方面表现为合作社制度不健全，容易造成大股东控股现象普遍产生（潘劲，2011）；另一方面表现为一些合作社没有坚持合作社的基本原则，出现管理不民主、盈余不返回或乱返还现象，“空壳社”“翻牌社”或“休眠社”仍然存在。据孔祥智（2016）的估计，我国 2/3 的合作社运作不规范，带动能力弱或者没有带动能力，这些合作社严重影响了合作社的形象，导致一些农民对合作社产生错误或者歪曲的认识。近年来，农民专业合作社的规范化程度不仅没有得到根本提升，反而在制度表达与制度实践之间的背离现象进一步扩大，出现了合作制向会员制蜕变的趋势（赵晓峰，2015）。2007—2009 年“中央一号文件”都提出，要依托合作社建设农业标准化示范项目，实行农产品的标准化生产。为了充分发挥合作社的典型示范作用，进一步提高农民的组织化程度，除 2011 年“中央一号文件”以外，2009 年以来，“中央一号文件”都明确提出，要开展和推进示范社建设，将国家补助项目和财政资金逐渐向示范社倾斜，提高资金的使用效率（见表 1－5）。由此可以看出，中央政府非常重视示范社的建设，要把对示范社的过程监管作为示范社建设的关键，切实发挥示范社的示范引领作用。

表 1－5　“中央一号文件”关于农民合作社规范化和示范化建设的政策内容

年份	文件内容
2007	要采取有利于农民专业合作组织发展的税收和金融政策，增大农民专业合作社建设示范项目资金规模
2008	继续实施农业标准化示范项目，扶持龙头企业、农民专业合作组织、科技示范户和种养大户率先实行标准化生产
2009	（1）加快农业标准化示范区建设，推动龙头企业、农民专业合作社、专业大户等率先实行标准化生产，支持建设绿色和有机农产品生产基地 （2）加快发展农民专业合作社，开展示范社建设行动
2010	大力发展农民专业合作社，深入推进示范社建设行动，对服务能力强、民主管理好的合作社给予补助
2012	加大支持力度，加强辅导服务，推进示范社建设行动，促进农民专业合作社规范运行
2013	（1）实行部门联合评定示范社机制，分级建立示范社名录，把示范社作为政策扶持重点。对示范社建设鲜活农产品仓储物流设施、兴办农产品加工业给予补助。在信用评定基础上对示范社开展联合授信 （2）引导国家补助项目形成的资产移交合作社管护，指导合作社建立健全项目资产管护机制

续表

年份	文件内容
2014	(1) 鼓励发展专业合作、股份合作等多种形式的农民合作社，引导规范运行，着力加强能力建设 (2) 允许财政项目资金直接投向符合条件的合作社，允许财政补助形成的资产转交合作社持有和管护，有关部门要建立规范透明的管理制度
2015	引导农民专业合作社拓宽服务领域，促进规范发展，实行年度报告公示制度，深入推进示范社创建行动
2016	加强农民合作社示范社建设，支持合作社发展农产品加工流通和直供直销

3. 农民合作社发展的政策支持

(1) 资金支持。我国的合作社在建社之初并没有太多的注册资本，再加上大多数农民本身就是资金的需求方，在加入合作社时无法入股更多的资金，因此，大多数合作社天然上具有发展资金不足的问题。随着合作社规模的不断扩大，合作社的资金供求矛盾更加突出。为了加快合作社的发展，中央政府加大了合作社的资金支持和补贴力度。2004 年以来，“中央一号文件”对于合作社的资金支持主要体现在三个方面：第一，安排专门资金支持合作社开展相关服务。2004 年和 2013 年“中央一号文件”都提出，要增加合作社发展资金，提高合作社的服务能力和发展能力。另外，为了能够有效地将财政资金投入农业农村生产一线，减少或避免财政资金使用过程中的“跑冒滴漏”问题出现，2014 年“中央一号文件”明确提出“允许财政项目资金直接投向符合条件的合作社”。第二，加大对合作社的补贴倾斜力度。2010 年、2012—2014 年的“中央一号文件”都提出，要增加补贴力度，同时优化补贴结构，将补贴资金向合作社倾斜。第三，加大对合作社的信贷支持力度。2012 年和 2014 年的“中央一号文件”指出，要不断加大对合作社的信贷投放力度。2014 年“中央一号文件”则进一步指出，要设立融资性担保公司以加大对合作社的信贷支持力度，这可以部分解决合作社贷款抵押缺乏有效抵押物的问题，在一定程度上缓解了合作社贷款难问题（见表 1 - 6）。

表1-6　“中央一号文件”关于农民合作社资金支持的政策内容

年份	文件内容
2004	从2004年起，中央和地方要安排专门资金，支持农民专业合作组织开展信息、技术、培训、质量标准与认证、市场营销等服务。有关金融机构支持农民专业合作组织建设标准化生产基地、兴办仓储设施和加工企业、购置农产品运销设备，财政可适当给予贴息
2008	各级财政要继续加大对农民专业合作社的扶持，农民专业合作社可以申请承担国家的有关涉农项目
2010	（1）完善农业补贴制度和市场调控机制。按照存量不动、增量倾斜的原则，新增农业补贴适当向种粮大户、农民专业合作社倾斜 （2）大力发展农民专业合作社，深入推进示范社建设行动，对服务能力强、民主管理好的合作社给予补助
2012	（1）按照增加总量、扩大范围、完善机制的要求，继续加大农业补贴强度，新增补贴向主产区、种养大户、农民专业合作社倾斜 （2）继续发展农户小额信贷业务，加大对种养大户、农民专业合作社、县域小型微型企业的信贷投放力度
2013	（1）继续增加农业补贴资金规模，新增补贴向主产区和优势产区集中，向专业大户、家庭农场、农民合作社等新型生产经营主体倾斜 （2）增加农民合作社发展资金，支持合作社改善生产经营条件、增强发展能力
2014	（1）继续实行种粮农民直接补贴、良种补贴、农资综合补贴等政策，新增补贴向粮食等重要农产品、新型农业经营主体、主产区倾斜 （2）允许财政项目资金直接投向符合条件的合作社，允许财政补助形成的资产转交合作社持有和管护 （3）鼓励地方政府和民间出资设立融资性担保公司，为新型农业经营主体提供贷款担保服务

（2）人才支持。全面提高合作社从业人员尤其是合作社领办人等经营管理人员的素质，是加快农民合作社发展的基础和前提。2008年以来的5个“中央一号文件”（见表1-7）中涉及人才支持的政策主要具有两个特征：第一，人才培训以合作社领办人或负责人为主。2008年、2012—2014年“中央一号文件”都提出，要加大对合作社领办人或带头人的培训。合作社的带头人或领办人的发展意识和经营

管理水平直接影响合作社的经营效益与可持续发展能力，因此，中央政府首先将合作社的领办人作为重点培训对象。第二，将合作社辅导员列入培训范围，人才培训范围逐步扩大。辅导员不仅可以指导合作社的成立和运营，还可以为合作社提供政策咨询、业务指导等方面的专业的服务。然而，现行的合作社辅导员大多数是由农经站等工作人员兼职，缺乏市场运作、电子商务、财务管理等方面的专业知识。因此，加大对现有合作社辅导员的培训就显得尤为必要。

表 1-7 “中央一号文件”关于农民合作社人才支持的政策内容

年份	文件内容
2008	组织实施新农村实用人才培训工程，重点培训种养业能手、科技带头人、农村经纪人和专业合作组织领办人等
2009	加强合作社人员培训，各级财政给予经费支持
2012	加快培养村干部、农民专业合作社负责人、到村任职大学生等农村发展带头人
2013	建立合作社带头人人才库和培训基地，广泛开展合作社带头人、经营管理人员和辅导员培训，引导高校毕业生到合作社工作
2014	加大对新型职业农民和新型农业经营主体领办人的教育培训力度

（3）税费支持。中央政府一直重视对合作社的税收优惠和税费减免政策支持。2005 年以来，“中央一号文件”（见表 1-8）有关合作社的税费支持主要具有三个特征：

第一，重视对发展农产品加工和流通业务的合作社进行税费支持。2005 年“中央一号文件”首次提出“对专业合作组织及所办加工、流通实体适当减免有关税费”，2016 年“中央一号文件”进一步明确提出要“落实和完善相关税收优惠政策，支持合作社发展农产品加工流通”。

第二，注重将合作社作为单独纳税主体进行税收登记，规范税收登记制度，这有利于将税费支持政策落到实处。2009 年“中央一号文件”指出，要“将合作社纳入税务登记系统”。2013 年“中央一号文件”则进一步提出，要“把合作社纳入国民经济统计并作为单独纳税主体列入税务登记”。税务登记是税务机关对纳税人的基本情况及生产经营项目进行登记管理的一项基本制度，是纳税人已经纳入税务机关监督管理的一项证明。将合作社纳入税务登记既是对合作社作为纳税主体的进一步确认，也有利于合作社依法享受相关税费减免政策。

第三，注重对承担国家涉农项目的合作社进行重点财政支持。2008 年“中央一号文件”提出“农民专业合作社可以申请承担国家的有关涉农项目”，2009 年“中央一号文件”则进一步提出，要“尽快制定合作社承担国家涉农项目的具体办法”。将合作社列为国家涉农项目的重要承担主体，是国家创新财政支农方式和提高财政支农效率的重要举措之一，也是引导和促进合作社规范化发展的重要导向，确保农民真正分享合作社发展的收益。

表 1-8　“中央一号文件”关于农民合作社税费优惠支持的政策内容

年份	文件内容
2005	支持农民专业合作组织发展，对专业合作组织及其所办加工、流通实体适当减免有关税费
2007	要采取有利于农民专业合作组织发展的税收和金融政策，增大农民专业合作社建设示范项目资金规模，着力支持农民专业合作组织开展市场营销、信息服务、技术培训、农产品加工储藏和农资采购经营
2008	全面贯彻落实农民专业合作社法，抓紧出台配套法规政策，尽快制定税收优惠办法，清理取消不合理收费。各级财政要继续加大对农民专业合作社的扶持，农民专业合作社可以申请承担国家的有关涉农项目
2009	将合作社纳入税务登记系统，免收税务登记工本费。尽快制定金融支持合作社、有条件的合作社承担国家涉农项目的具体办法
2010	各级政府扶持的贷款担保公司要把农民专业合作社纳入服务范围
2013	(1) 完善合作社税收优惠政策，把合作社纳入国民经济统计并作为单独纳税主体列入税务登记，做好合作社发票领用等工作 (2) 对符合条件的农业经营性服务业务免征营业税
2014	落实和完善相关税收优惠政策，支持农民合作社发展农产品加工流通

4. 农民合作社开展信用合作工作的试点与推进

一般情况下，中外农民的信贷地位都不是很高，特别是发展中国家的农民，由于农业生产风险很大，农业生产贷款往往因为没有抵押担保而遇到较大困难（庹国柱，2013）。长期以来，中国农村金融具有只存不贷、资金外流的“抽水机”效应，使我国出台的一系列金融惠农政策无法真正落地，再加上农村居民贷款抵押难等问题（原正军、冯开文，2013），造成农村居民的贷款需求长期不能得到满足，“贷款难”和“贷款贵”成为制约中国合作社发展的重要因素之一。引导和规范合作社开展信用合作，发展新型农村合作金融组织，推进农村金融体制改革，是2009年以来“中央一号文件”关注的重点内容之一（见表1－9）。合作社内部开展信用合作，可以在成员间实现资金余缺调剂，缓解农民和合作社的资金不足问题。近年来，我国合作社的信用合作工作进展缓慢，既没有充分发挥合作社的互助作用，也没有有效满足农民生产方面的资金需求。作为强制性制度变迁的“中央一号文件”在合作社信用合作开展方面呈现出制度供给不足状态，以致2012年以来连续的5个“中央一号文件”都提及此问题。2009年以来，“中央一号文件”中有关信用合作政策内容主要有两个特征：一是先试点后推进；二是强调要规范合作社开展信用合作业务，并要防范信用合作风险。合作社开展信用合作需要国家的立法保护和政策支持。中央政府在加紧修订《合作社法》的同时，要加快“合作金融法”等相关法律的立法工作，通过法律引导合作社信用合作业务的规范开展（高强、张照新，2015）。

表1－9 “中央一号文件”关于农民合作社开展信用合作的政策内容

年份	文件内容
2009	抓紧出台对农民专业合作社开展信用合作试点的具体办法
2010	支持有条件的合作社兴办农村资金互助社
2012	有序发展农村资金互助组织，引导农民专业合作社规范开展信用合作
2013	规范合作社开展信用合作

续表

年份	文件内容
2014	在管理民主、运行规范、带动力强的农民合作社和供销合作社基础上，培育发展农村合作金融，不断丰富农村地区金融机构类型
2015	积极探索新型农村合作金融发展的有效途径，稳妥开展农民合作社内部资金互助试点，落实地方政府监管责任
2016	加快构建多层次、广覆盖、可持续的农村金融服务体系，发展农村普惠金融，降低融资成本，全面激活农村金融服务链条。扩大在农民合作社内部开展信用合作试点的范围，健全风险防范化解机制，落实地方政府监管责任

5. 农民合作社服务与经营范围的扩大与延伸

多年的“中央一号文件”有关合作社服务范围的政策内容具有以下两个主要特征：第一，服务范围呈扩大化、专业化、信息化和科技化趋势。1984 年“中央一号文件”提出，合作社要将工作重心转移到为农户服务上面，做好科学技术推广、植保、防疫及其他产前产后服务。2007 年“中央一号文件”提出，要“支持合作社开展市场营销、信息服务、技术培训、农产品加工储藏和农资采购经营”，服务范围进一步扩展。2012 年“中央一号文件”明确提出，合作社要参与农业产前、产中、产后服务，并充分发挥合作社在先进技术应用方面的作用。该“中央一号文件”将合作社的服务范围从 1984 年提出的产前产后服务延伸到产前、产中和产后服务，合作社服务范围呈不断扩大趋势。2016 年“中央一号文件”提出，支持合作社等新型农业服务主体开展代耕代种、联耕联种、土地托管等专业化规模化服务，合作社的服务范围得以进一步延伸，专业化趋势更加明显。第二，重视发挥合作社在市场中的流通中介作用，提高市场流通效率。2007 年“中央一号文件”首次提出，要发挥合作社的流通中介作用，即支持“农民专业合作组织等直接向城市超市、社区菜市场和便利店配送农产品”。2012 年和 2015 年“中央一号文件”都提出，要“创新农产品流通方式”，支持合作社在城乡市场流通中发挥积极作用（见表 5 - 10）。

表 1－10　“中央一号文件”关于农民合作社服务与经营范围的政策内容

年份	文件内容
1984	地区性合作经济组织应当把工作重点转移到组织为农户服务的工作上来。首先要做好土地管理和承包合同管理；其次要管好水利设施和农业机械，组织植保、防疫，推广科学技术，兴办农田水利基本建设以及其他产前产后服务
2007	（1）支持龙头企业、农民专业合作组织等直接向城市超市、社区菜市场和便利店配送农产品 （2）着力支持农民专业合作组织开展市场营销、信息服务、技术培训、农产品加工储藏和农资采购经营
2009	支持供销合作社、邮政、商贸企业和农民专业合作社等加快发展农资连锁经营，推行农资信用销售
2012	（1）扶持农民专业合作社、供销合作社、专业技术协会、农民用水合作组织、涉农企业等社会力量广泛参与农业产前、产中、产后服务。充分发挥农民专业合作社组织农民进入市场、应用先进技术、发展现代农业的积极作用 （2）重点对农民专业合作社建设初加工和贮藏设施予以补助 （3）创新农产品流通方式。扶持供销合作社、农民专业合作社等发展联通城乡市场的双向流通网络
2013	（1）逐步扩大农村土地整理、农业综合开发、农田水利建设、农技推广等涉农项目由合作社承担的规模 （2）引导经营性服务组织参与公益性服务，大力开展病虫害统防统治、动物疫病防控、农田灌排、地膜覆盖和回收等生产性服务
2014	落实和完善相关税收优惠政策，支持农民合作社发展农产品加工流通
2015	创新农产品流通方式。推进合作社与超市、学校、企业、社区对接。引导农民合作社扩宽服务领域
2016	支持多种类型的新型农业服务主体开展代耕代种、联耕联种、土地托管等专业化规模化服务

6. 农民合作社发展农业产业化经营

推进农村第一、第二、第三产业融合发展，是实现农业产业化经营，延伸农业产业链，促进农民增收的重要举措。发展农产品加工业务是近年来合作社业务扩展的一个重要方向。目前，在中国 153 万个合作社中，一半以上开始发展产加销一体化经营，合作社已经成为建设现代农业产业体系、经营体系和生产体系的重要途径。合作社通过发展农业产业化经营，延长了农产品产业链和价值链，把原来由经销商获取的利润留在合作社，促进农民分享加工增值收益。2008 年、2010 年和 2012 年“中央一号文件”都指出，支持农民专业合作社兴办农产品加工企业或参股龙头企业，引导合作社等经营主体参与农业产业化经营。2016 年“中央一号文件”明确了农户入股合作社的一些方式，旨在让农户分享产业价值链的增值收益，让农户成为产业价值提升的“局内人”（见表 1－11）。

表 1－11 “中央一号文件”关于农民合作社产业化经营的政策内容

年份	文件内容
2008	支持农业产业化发展。引导各类市场主体参与农业产业化经营。鼓励农民专业合作社兴办农产品加工企业或参股龙头企业
2010	扶持农民专业合作社自办农产品加工企业
2012	支持农民专业合作社兴办农产品加工企业或参股龙头企业
2014	（1）鼓励发展混合所有制农业产业化龙头企业，推动集群发展，密切与农户、农民合作社的利益联结关系 （2）落实和完善相关税收优惠政策，支持农民合作社发展农产品加工流通
2016	引导农户自愿以土地经营权等入股龙头企业和农民合作社，采取“保底收益＋按股分红”等方式，让农户分享加工销售环节收益

7. 农民合作社联合社的创新发展

合作社联合社是合作社抱团闯市场，提高市场谈判地位和竞争能力而联合起来的新的合作社类型。合作社联合社的建立是我国合作社发展的新趋势，也是国外合作社发展的普遍选择。为了顺应合作社发展的需要，为合作社联合社发展营造良好的外部环境，2013 年“中央一号文件”首次针对合作社联合问题提出了明确要求，即“引导合作社以产品和产业为纽带开展合作与联合，积极探索合作社联社登记管理办法”。2014 年“中央一号文件”进一步提出，要“引导发展农民专业合作社联合社”。为了加快推进合作社联合社的发展，提高合作社的规模经济效益，增强合作社的竞争力，中央和地方政府应该尽快制定出台相关的法律法规，赋予合作社联合社的法人定位，并从政策方面给予优惠支持，不断推动中国合作社在更深层次、更广领域、更大范围上实现联合（见表1－12）。

表1－12　“中央一号文件”关于农民合作社联合社的政策内容

年份	文件内容
2013	引导农民合作社以产品和产业为纽带开展合作与联合，积极探索合作社联社登记管理办法
2014	推进财政支持农民合作社创新试点，引导发展农民专业合作社联合社

（三）农民合作社发展政策展望

由于社会实践认知的局限，政策制度不一定完全耦合实践发展规律。“中央一号文件”政策制度可能超前、滞后或错位于农村发展实践，有的促进发展，有的引起紊乱，有的作用甚微（原正军、冯开文，2013）。因此，本书在梳理历年来“中央一号文件”关于合作社政策的基础上，探索政策走向。

1. 要加快合作社法修订进程，完善合作社法律

首先，修改合作社法律的名称。合作社法在颁布实施10周年以来，为合作社发展提供了坚强的法律保障，在规范和促进我国合作社发展方面发挥了非常重要的作用。然而，近年来涌现的股份合作社、信用合作、联合社等新型合作社不断突破专业合作和生产合作的界限，超出了合作社法的适用范围，因此，有必要将《中华人民共和国农民专业合作社法》名称修改为《中华人民共和国农民合作社法》。同时，在新的合作社法中除了要突出专业合作，还要强调推动多元化、多类型合作社的发展，为合作社创新发展提供法律依据。

其次，要进一步明确农民合作社属性。合作社属性，即合作社到底是属于营利组织还是非营利组织问题，仍然是学术界争论的一个问题。合作社属性问题直接影响合作社的发展定位。国内大多数学者认

为，合作社应该属于非营利组织，本书认为，合作社应该定位于营利组织和非营利组织双重属性。对内，合作社属于非营利组织，主要服务于社员；对外，合作社应该属于营利组织，通过合作社发展第一、第二、第三产业融合，延伸农业产业链，提高农产品附加值，让社员分享合作社在生产、加工和流通等环节的增值收益，促进合作社成员全面增收。现行的合作社法没有明确合作社的属性问题，在新修订的合作社法中，应当进一步明确合作社组织的双重属性问题。

最后，要对合作社进行分类指导与规范。在合作社法修订时，要突出对不同类型的合作社分类指导与扶持，比如，农户专业合作社、农机合作社和休闲旅游业合作社等不同种类的合作社在运行机制等方面存在一定差异，农产品加工类合作社、土地流转合作社和生产类合作社对政府扶持需求也存在较大差异，在未来政策制定时，中央政府可以考虑采取差异化的指导与扶持政策。

2. 要进一步扩大对合作社的财政补贴范围

根据农业部等11部委《关于开展农民专业合作社示范社建设行动的意见》，只有“符合相关要求的农民专业合作社，可享受减免所得税优惠”。2013年“中央一号文件”又明确指出，要“把示范社作为政策扶持重点。对示范社建设鲜活农产品仓储物流设施、兴办农产品加工业给予补助。在信用评定基础上对示范社开展联合授信”。可以看出，中央政府将合作社示范社作为资金重点扶持对象的意图非常明显。加强对合作社示范社的资金扶持和补贴的确可以提高财政资金使用效率，进一步推动示范社的成长。然而，合作社本身具有一定的益贫性，在“十三五”时期，要实现中国落后地区农民的脱贫任务，就需要充分发挥示范社以外其他众多合作社的作用。现有对合作社的政策支持并不具有普惠性，能够享受资金或补贴支持的毕竟只是少数的示范社（马惊鸿，2016）。因此，中央政府在制定未来的政策时，要加大对初始社和成长社这些普通合作社的政策支持力度，扩大资金和补贴支持范围，只要合作社运行规范，都可以作为扶持的范围，不需要设定太多的政策扶持条件。为了将资金的使用效率和合作社的益贫性结合起来，中央政府可以根据合作社的规范化程度、合作社的规模和带动农户能力的大小，制定差异化的资金扶持指导政策，既要发挥合作社示范社的示范带动作用，也要发挥普通合作社带动农民增收的作用，以此推动合作社示范社和普通社共同发展。

3. 要进一步鼓励和推进合作社创新

首先，合作社类型的创新。近年来，在我国合作社的发展过程中，合作社联合社、股份合作社等合作社类型快速发展，这既属于对合作社发展的实践创新，也反映了农民对合作社发展在合作形式和合作层次方面的新需求。在积极鼓励发展以上多元化多类型合作社的同时，中央政府还应鼓励农产品加工合作社、土地流转合作社等合作社类型的发展，深入推进农村第一、第二、第三产业融合发展，加快中国农业现代化进程。以合作社联合为例，应当鼓励合作社组建联合会或联合社，探索建立区域性合作社联合会、联合社或全国性合作社联盟，强化合作社之间的横向联系，增强合作社的服务能力和自身竞争力（高强、张照新，2015）；同时，合作社联合还可以促进合作社在市场、品牌、技术和人才等方面实现资源共享，为合作社参与分享经济搭建一个平台。

其次，合作社功能的创新。鼓励合作社在生产合作的基础上，积极开展信用合作、消费合作、学习互助和保险互助等方面的合作内容，扩展合作社的服务领域，形成全产业链和全要素合作的新格局，不断提高合作社成员的凝聚力的组织认同感。最后，合作社与外部组织联合模式的创新。在“合作社＋基地”“合作社＋龙头企业”等传统模式的基础上，探索建立“合作社＋超市”“合作社＋村两委”“合作社＋支部”“合作社＋家庭农场＋龙头企业”等新的联合模式，以实现不同类型组织的优势互补和协同发展。

总之，在不违背合作社的基本原则和服务社员根本宗旨的基本前提下，应当鼓励合作社在组织、管理和业态方面大胆探索和创新，尤其是在精准扶贫方面的创新，支持贫困户以土地承包经营权等多类型的资源资产入股合作社，并将社会帮扶资金、财政扶贫资金等各类资金折股量化到合作社成员账户，提高合作社成员分红收益，带动贫困农户精准脱贫。

4. 要建立和完善财政支持合作社发展的瞄准机制

历史的教训和国际经验表明，如果财政直接提供资金支持，可能会导致合作社对财政扶持资金的依赖，还会出现为了套取政府补助资金而成立的虚假合作社（杨雅如，2013）。中央政府可以创新财政支持合作社发展的机制，在能够明确财政支持范围和资金使用用途的，尽量予以明细化，重点加强合作社在负责人能力提升、农业基础设施完善、农产品加工设备购置、电子商务平台构建等方面的支持力度，直接发挥财政资金“四两拨千斤”的杠杆效应，避免财政资金使用过程中的“跑冒滴漏”现象。另外，充分整合现有涉农项目、涉农资金和各类扶贫资金，优先投入合作社，重点支持合作社开展基础设施建设、初级产品加工、标准化生产和信息化应用等方面的工作，提高涉农资金的使用效率。

5. 要进一步加大对合作社示范社的规范化建设与监管力度

首先，继续推进合作社示范社内部治理结构规范化的建设力度。示范社应当根据自身发展的实际情况，健全完善合作社章程、财务管理制度、信息公开制度和民主决策制度等各项制度。同时，建立健全成员大会、理事会和监事会“三会制度”，保障成员民主权利，提高合作社决策质量和效率。

其次，对合作社示范社建设要形成制度化、可量化和动态化的评审和评价机制，积极引入退出机制，坚决淘汰不符合示范社标准的合作社，发挥示范社的引领作用。

最后，利用第三方审计监督示范社的运行和资金使用情况。政府不仅加大对示范社运行情况的动态监测，还要积极引入第三方审计机构，加强对示范社承担的涉农项目和国家提供的财政扶持资金进行审计，使示范社的监管呈现常规化、制度化和专业化趋势，从源头上和过程中提高示范社的规范化，发挥示范社扶持政策的乘数效应和导向作用，构建示范社建设的长效机制。

6. 要明确政府在合作社发展过程中的角色定位

历年来的“中央一号文件”都没有明确政府在合作社发展过程中的角色定位。现阶段，政府在合作社发展中的作用较多地表现为引导、政策扶持等。然而，政府应该意识到，在合作社发展的不同阶段，政府扮演的角色应该有所差异（王晓阳、张连刚，2016）。对处于发展初期阶段的合作社，政府主要扮演助产士和激励者角色，重点做好引导和扶持等工作；对那些发展相对成熟的合作社，政府主要扮演监管者角色，重点做好合作社规范化建设监管工作（赵泉民，2013）。

7. 要制定更加优惠的政策鼓励和引导高校毕业生到合作社工作

鼓励和引导更多的高校毕业生到合作社工作，既解决了高校毕业生就业难的社会现实问题，又解决了合作社人才严重匮乏的问题。对于高校毕业生到合作社工作、创办或领办合作社，政府不仅应当明确可以同等享受到基层就业的多项优惠政策，还应当制定更加具体的优惠政策措施，建立健全高校毕业生进得来、留得住、干得好、流得出的激励机制。同时，应当积极鼓励有条件的合作社采取激励措施吸引优秀的毕业生到合作社工作。

第二节　研究对象

根据《合作社法》以及我国林合组织的运行实践，按照组织的性质，可以将林合组织主要分为农户专业合作社、股份合作林场和林业专业协会三种类型。

农户专业合作社是集体林权制度改革中政府推动的主要类型，因此，该类型是本书研究的重点。农户专业合作社是农民专业合作社的重要组成部分，因此，根据《合作社法》的要求，农户专业合作社的成员应当以农民为主体（农民至少应当占成员总数的80%）；入社自愿、退社自由；成员地位平等，实行民主管理（选举和表决实行一人一票制）；盈余主要按照成员与农民专业合作社的交易量（额）比重返还。农户专业合作社的组织结构一般包括成员大会、理事会和监事会，资本构成以货币以及可以依法转让的非货币化财产作价出资，主要业务范围包括林产品种植、收购、销售、加工、技术服务及咨询服务以及林业生产及抚育等。本书调查的农户专业合作社基本上能够按照《合作社法》的规章制度进行运作。

股份合作林场是资本和劳动相结合形成的组织形式。组织机构包括股东会、理事会和监事会等，主要业务范围包括造林、抚育、采伐和销售等。股份合作林场一般是借助亲情、乡情等以地缘和亲缘为基础的组合，采取“以山入股，以股投资”“以户入股，按户出资”“以山入股，以资折股”等多种形式（联合国粮食及农业组织，2012）。分配形式主要采取股份分红和按劳分配相结合的形式。由于股份合作林场是个新鲜事物，而且国家还没有专门的法律对其进行规范，因此，股份合作林场处于发展的初级阶段，且数量很少。

专业协会的特点是在民政部门登记的由公民自愿组成的不直接从事生产经营活动的非营利性社团法人。林业专业协会主要为协会成员提供培训、技术咨询、信息服务、新技术和新产品推广等（联合国粮食及农业组织，2012）。协会成员入会需要缴纳会费。协会的组织机构主要包括会员大会和理事会。协会的活动经费必须用于章程规定的业务活动，不得随意分配。1998 年 10 月，我国出台了《社会团体登记管理条例》。目前很多林业专业协会都在会员总数、固定场所、合法的资产和经费来源、专职工作人员等方面并不能完全符合《社会团体登记管理条例》的规定，因此，本书对于林业专业协会涉及较少。

综合考虑调查数据的可获得性、跟踪研究连续性、样本林合组织运行的实际情况，并根据前文对林合组织各种类型特点的分析，本书以农户专业合作社为主，并选择部分股份合作林场作为主要研究对象。

第三节　研究方法

一　主要研究方法

（一）跨学科分析法

本书拟采用组织行为学、社会学、心理学和数理模型等相结合的分析方法作为主要分析方法，形成经济学、管理学、心理学、社会学等多学科的多维理论分析框架。

（二）定性分析方法

本书运用归纳和演绎方法对现有相关理论进行分析，揭示参与度、信任度、服务度等变量与满意度变量之间的关系，构建林合组织成员满意度影响因素的理论模型；应用人员访谈法，定性了解农户对林合组织满意度状况及合作组织提供的服务状况。

（三）定量分析方法

本书定量分析数据主要来源于调查问卷（见附录）。为了保证调查问卷的质量，在进行数据分析之前，先对问卷（量表）的信度和效度进行分析，以确保问卷（量表）的质量，提高数据分析结果的准确性。本书的定量分析方法主要包括以下几个方面：

第一，描述性统计分析。本书对于政府工作人员和林合组织成员对政府作用认知的差异、易门县乡源食用菌专业合作社成员满意度、腾冲市猴桥镇东村西山股份合作林场成员满意度三个方面的研究主要采用频数分析法，并用统计图表的形式进行直观的反映。

第二，验证性因素分析。主要应用 AMOS 软件，利用相关的理论构建结构方程模型，对调查数据进行因果关系检验。本书应用验证性因素分析法主要体现在两个方面：其一，根据理论模型，提出认知度、服务度、参与度与满意度四个潜变量之间关系的研究假设，然后以极大似然法估计各回归系数结果，最后对研究假设成立与否进行判断说明。其二，基于社会交换理论，以组织认同和成员满意度为中介变量，构建组织支持感影响合作社成员退出意愿的关系模型，并利用来自 225 个合作社成员的调查数据，采用结构方程模型分析组织支持感、组织认同、成员满意度与合作社成员退出意愿之间的关系。

第三，多元回归分析。本书应用多元回归分析方法主要体现在两个方面：其一，重点分析内部社会资本和组织认同两个主要解释变量对成员满意度变量影响的显著性。本书中成员满意度作为被解释变量采用五级李克特量表来测度，再加上模型中解释变量中存在类别变量，因此，采用阶层回归分析方法进行分析。其二，分析成员参与、组织支持两个主要解释变量对成员满意度变量影响的显著性。考虑到成员参与调节变量与组织支持变量间可能存在交互效应，因此，在多元回归分析模型中加入了两个变量间的交互效应检验分析。

第四，模糊综合评价。本书引入模糊数学理论，应用多层次模糊综合评价方法，分别从农户和利益相关者视角对林合组织满意度进行评价。

（四）案例分析法

除了一般性调研，本书还选择了能够反映林合组织发展实际情况的两个案例点进行深入剖析，从而使研究结论能够建立在事实的基础之上。本书选择的一个案例是易门县乡源食用菌专业合作社，另一个案例是腾冲市猴桥镇东村西山股份合作林场。通过将案例分析和问卷调查分析相结合，可以从点和面两个层次更深入地研究林合组织成员或利益相关者的满意度。

二　研究技术路线

本书的研究主要遵循“现状研究—理论研究—实证研究—政策研究”四个方面展开（见图1－1）。

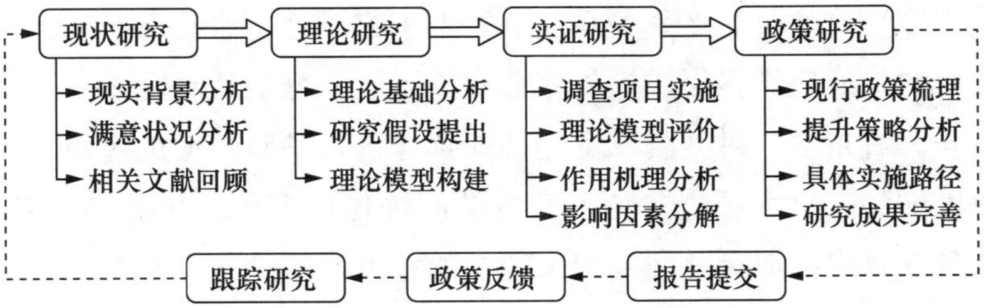

图1－1　研究思路及技术路线

现状研究主要从三个方面展开：①现实背景分析。主要是分析林合组织成员或利益相关者满意度研究的背景及研究意义。②满意状况分析。主要是阐述林合组织的发展现状，并在此基础上选择了两个案例，利用所取得的调查数据，从服务满意度、管理满意度、民主满意度、分配满意度和关系满意度五个方面分析了林合组织成员的满意度现状。③相关文献回顾。文献回顾是本书非常重要的基础工作。在进行相关研究之前，仔细梳理国内外学者对所要分析内容开展哪些方面的研究，用了什么研究方法，研究过程怎么样，得到的重要结论和建议是什么？等等。然后，结合本书所要研究的内容，充分借鉴组织行为学、心理学、社会学等与组织研究相关的理论，构建所要研究内容的理论基础。

理论研究主要从三个方面展开：①基础理论分析。本书在对研究内容进行实证分析之前，先进行文献回顾，结合要研究的内容，梳理和分析可能用到的理论，然后对该理论进行分析。②研究假设提出。在基础理论分析和文献回顾的基础上，结合所研究的问题，提出研究假设。③理论模型构建。在理论分析的基础上，结合研究假设，构建与研究相关的理论模型，作为数据分析的基础。

实证研究主要从四个方面展开：①调查项目实施。本书中的调查主要包括问卷调查和人员访谈法。调查项目的实施主要包括调查方法的选择、调查样本数的确定、调查样本点的选择以及调查计划的实施。②描述性统计分析。在分析林合组织成员及利益相关者的满意度时，主要应用描述性统计分析方法，从服务满意度、管理满意度、民主满意度、分配满意度和关系满意度五个方面逐一进行分析。③满意度综合评价。应用多层次模糊综合评价方法，分别从林合组织成员和利益相关者角度，对其满意度进行综合评价，判断他们的满意度处于满意度的哪一个水平，并结合满意度的描述性统计分析和访谈结果，弄清楚林合组织成员及利益相关者在哪些方面更满意，在哪些方面不太满意，并以此为依据提出相应的政策建议。④影响因素分析。现有的文献在分析满意度影响因素时，大多数选择了人口统计特征、组织特征、农户特征等作为满意度的影响因素变量。为了更加深入和全面地了解林合组织成员的满意度影响因素，本书借鉴组织行为学、社会学、心理学等相关理论，从组织认同、组织支持感、社会资本（内部社会资本）等角度阐述这些变量对满意度的作用方向及作用程度大小。

政策研究主要从三个方面展开：①现行政策梳理。为了全面了解林合组织成员满意度的现状，有必要对现行的满意度提升政策进行梳理，以发现现有的政策着力点以及没有触及的地方，从而为本书政策建议的提出提供参考。②提升路径分析。在进行数据分析和访谈结果分析之后，根据研究结论，提出提升林合组织成员或利益相关者满意度的措施建议。③研究成果完善。政策建议的提出，并不意味着本研究已经完成，还需要根据林合组织发展变化的实际情况以及林合组织成员与利益相关者的满意度变化情况，不断完善政策建议，从而不断提升合作组织成员及利益相关者的满意度。

三　调查实施情况

（一）调查目的和调查对象

为了获得林合组织成员及利益相关者对林合组织的满意度数据，本书通过问卷调查和人员访谈来了解被访者的想法。通过调查，可以深入全面地了解被访者关于林合组织的民主决策、管理方式、分配方式、服务数量及质量等方面的满意程度。通过问卷调查，可以获得大量一手数据，利用获得的调查数据，应用恰当的统计软件和统计分析方法，可以进行较为深入的实证分析，为政策建议提供数据支撑，从而使研究结论和政策建议更具科学性和说服力。人员访谈是以面对面的方式，由访谈者提出问题，并由受访者回答问题。人员访谈能弹性改变询问的方式及内容，以获得真正的答案，同时还有机会观察受访者的行为。然而，人员访谈还是一种艺术，需要访谈者有一定的面谈经验，并且与受访者建立互信，能够清楚地提出问题（荣泰生，2009）。因此，综合调查成本、样本控制、调查时间等因素，在调查过程中，本书根据实际情况选择恰当的调查方法。

本书的调查对象主要为林合组织成员和林合组织的利益相关者。其中，林合组织成员主要是加入林合组织的农户；林合组织的利益相关者主要包括省林业主管部门、县乡两级政府、县乡两级林业管理部门、村委会、未加入林合组织的农户、林合组织的领导、工商行政部门、税务部门、银行或农村信用社等。

（二）调查方法和抽样方法

本书主要采取问卷调查，辅之以人员访谈法的方式获得林合组织成员满意度状况的相关数据。其中，问卷调查主要采取随机抽样的方法，保证所抽取的样本具有一定的代表性；人员访谈法主要采取典型调查的方法，通过对具有代表性的农户及林合组织领导进行访谈，全面深入地了解林合组织发展情况、林合组织成员的满意度状况及不满意的原因所在。

本书中问卷的调查主要采用自填问卷和访问问卷两种方式。自填问卷主要适用于那些有一定文化程度、能够独立地理解问卷题项并能够自己作答的被访者。访问问卷主要适用于问卷或量表设计复杂、被调查者难以自己独立作答，需要给予解释说明，并由调研人员协助填答的情况。在问卷调查过程中，调研人员根据调查过程中的实际情况，自主选择自填问卷或访问问卷，从而保证问卷调查的效率和质量。比如，在对林合组织的领导或县、乡级相关领导进行问卷调查时，基本上可以采用自填问卷的方式，这样可以极大地提高问卷填制的效率。

抽样方法主要有随机抽样和非随机抽样两种情况。非随机抽样是指由研究者主观上决定选择哪些个体作为调查样本。因此，非随机抽样样本的选择具有较大的随机性，不一定具有代表性，难以通过样本推断总体。非随机抽样主要包括便利抽样、“滚雪球”抽样、典型案例、配额抽样等。随机抽样是指每个个体都有同等的概率被抽中，样本的每个单位完全独立。随机抽样主要包括简单随机抽样、系统抽样、分层抽样、集群抽样、多层抽样等几种类型。究竟是采用随机抽样还是非随机抽样，需要结合研究目标、研究内容、研究经费、调研人员数等进行综合考虑后选择。本书中的两个案例样本林合组织的确定是采用非随机抽样中的典型案例方法进行选择。除此之外，为了保证调查数据的客观性和真实性，本书研究一般采用随机抽样，且以分层抽样和多层抽样为主要抽样方法。

（三）调查问卷设计及测试

本书中的问卷主要来源于两个方面：一是现有的较为成熟的量表，比如，本项目在编制组织支持感量表时，主要借鉴埃森伯格（Eisenberger）等开发的组织支持感量表（Survey of Perceived Organizational Support，SPOS），该量表被国内外相关研究广泛使用。然后，本书在借鉴国内学者凌文辁等编制的组织支持感量表基础上，结合本书研究中合作社组织及其成员的特征，对现有的两个量表的测量题项进行了适当的修改，形成了本书研究的组织支持感量表。二是自己编制的问卷或量表。在编制问卷或量表时，充分消化吸收现有相关文献的内容，并结合人员访谈的结果，形成了初步的调查问卷或量表。

不管是现有的较为成熟的量表还是自己编制的量表，本书在使用之前，都会先对这些量表进行试调查，毕竟由于语言和文化的差异，使变量的定义、语言、修辞等都会有所差异。在正式地使用问卷之前对问卷进行预调查，可以让被调查者向研究人员解释问卷中每一题的意义，以在早期发现研究设计及测量工具的缺点并进行修正，以免在大规模、正式的调查之后，枉费了许多时间和费用（荣泰生，2009）。通过试调查，研究者要检验问题的内容是否恰当？问题的类型是否恰当？有无造成位置偏差的问题？问题的用字是否清楚易懂？问题的次序是否符合逻辑？问题的尺度是否恰当？

为了保证自己编制问卷或量表的科学性和适用性，本书在实证分析之前，先利用调查数据对问卷或量表进行信度和效度检验，确保问卷调查结果的可靠性和一致性。

第四节　本书结构安排

本书由七章构成，结构安排及各章内容如下：

第一章导论。首先介绍本书的选题背景，具体指出了本书的理论背景、现实背景和政策背景。其中，政策背景是建立在系统梳理历年来国务院和党中央颁布的“中央一号文件”基础上，分析政策关注重点与政策展望。接着，综合考虑调查数据的可获得性、跟踪研究连续性、林合组织运行的实际情况，提出了本书的研究对象。最后，介绍了本书采用的主要研究方法与研究技术路线。

第二章林合组织发展理论基础。在对林合组织进行影响因素分析及满意度评价之前，有必要对林合组织发展的基础理论进行分析。本书主要从交易成本理论、信息不完全和不对称理论、专业化分工理论等方面阐述分析了林合组织的基础理论，为后文分析奠定基础。

第三章林合组织满意度影响因素分析。影响因素分析是满意度评价的基础，部分影响因素可以作为满意度评价的指标来源。本书除从人口统计变量、政府角色定位的认知差异等方面分析其对成员满意度的影响以外，还构建了三个理论模型，并利用调查数据进行实证分析。第一，构建了认知度、服务度、参与度和满意度四个变量之间的理论模型，应用 AMOS 软件验证分析，并对研究假设进行验证，最终确定各个变量对满意度变量的作用方向和影响程度。第二，将社会资本和组织认同作为主要解释变量引入研究模型，深入分析它们对成员满意度的影响。第三，借鉴组织支持感理论，构建以成员参与为调节变量，组织支持感对合作社成员满意度影响效应的理论模型。

在进行满意度影响因素实证分析时，需要对两个问题进行解释说明：

第一，在进行影响因素实证分析时，之所以采用不同的实证分析方法，主要是因为变量的类型、数据的类型等方面的差异需要采取不同的实证分析方法。比如，基于人口统计变量分析其对林合组织成员满意度影响的差异，不适合采用计量模型，更适合采用描述性统计、交叉列联表分析和卡方检验、方差分析等分析方法。本书第三章第三节和第四节采用的实证分析方法也不同，第三节采用的是结构方程模型法，而第四节采用的是多元回归分析方法，两种方法从本质上而言都属于回归分析，然而多元回归分析更擅长处理自变量之间的交叉影响关系，而结构方程模型更适合处理变量之间的交叉关系以及其对因变量的影响显著性。同时，多元回归分析和结构方程模型对自变量的数据类型和自变量的数量多少要求也不一样。因此，结合调查数据的差异性和影响因素模型的差异性，本书采用了实证分析方法定量分析了满意度的影响因素。

第二，在进行满意度影响因素模型分析时，之所以没有将影响因子一并纳入模型，主要是考虑以下两个方面的因素：一是不同的模型对数据的要求和变量的要求不一样，无法将不同变量和数据类型的变量纳入统一模型。二是在研究和调查过程中不断发现新的满意度影响因素和新的研究方法。为了更加深入地揭示这些影响因素对林合组织成员满意度的影响显著性，研究采用了新的模型进行分析，从而使研究更加深入，也使研究结论趋于科学性和准确性。

第四章林合组织满意度评价分析。首先，构建满意度评价指标体系。在介绍分析满意度评价指标体系构建原则的基础上，分别从农户和利益相关者的视角构建了满意度评价指标体系。其次，满意度综合评价实证研究。在阐述本书所使用的满意度评价方法的基础上，分别从农户和林合组织利益相关者角度，应用模糊综合评价法进行满意度综合评价实证分析。

第五章成员满意度与合作社成员退出意愿关系研究。影响因素分析和满意度评价是个过程，也是手段，目的是推动林合组织可持续发展。林合组织如果成员大量退出，势必影响组织的可持续发展。两者关系的研究属于该课题的进一步深化。因此，在影响因素分析和满意度评价的基础上，继续分析成员满意度对合作社成员退出意愿的影响显著性。

第六章案例分析。分别从农户专业合作社和股份合作林场中选择一个典型，作为林合组织的代表，采用人员访谈法和问卷调查法等方法，定性、定量地分析林合组织成员的满意度状况，林合组织成员的满意之处和不满意之处分别是什么？为什么不满意？该部分内容主要是通过案例分析方式展开研究。

第七章林合组织满意度提升路径研究。首先，从影响因素、满意度评价和案例分析三个方面对前文的定性定量分析结论进行了汇总，得到三个维度的结论小结。其次，在研究结论小结的基础上，从农户、政府和组织三个层面对研究结论进行了系统归纳。最后，在研究结论归纳的基础上，从农户、政府和组织三个层面提出提升林合组织成员及利益相关者满意度的措施建议。

第五节　本书贡献与研究不足

一　本书贡献

（一）编制了合作组织成员和利益相关者满意度及相关概念的测度问卷或量表

相关研究在进行满意度测度和评价时，较多地从企业、医院或政府角度进行分析，从合作组织角度分析较少。本书在充分借鉴现有相关成果的基础上，结合合作组织的特征，编制出满意度及相关概念的测度问卷或量表。经过试调查、信度和效度检验及数据的实证分析，发现本书编制的问卷或量表具有较好的一致性和可靠性，可以为相关学者进一步研究提供参考。这是本书在理论方面的贡献之一。

（二）将社会资本（内部社会资本）、组织认同、组织支持感等变量引入满意度影响因素模型

现有的文献在分析满意度影响因素时，大多数选择了人口统计特征、组织特征、农户特征等作为满意度的影响因素变量。为了更加深入、全面地了解林合组织成员的满意度影响因素，本书借鉴组织行为学、社会学、心理学等相关理论，从组织认同、组织支持感、社会资本（内部社会资本）等角度阐述这些变量对满意度的作用方向及作用程度。这是本书在理论方面的贡献之二。

（三）综合应用跨学科分析法、定性分析和定量分析等方法，对合作组织成员满意度进行研究

本书在满意度评价及影响因素的研究过程中，综合运用了经济学、管理学、社会学、心理学等学科，使这些学科在具体的研究过程中得以深度融合。在定量分析过程中，本书主要应用描述性统计分析方法，对林合组织成员的满意度进行频数分析；利用 AMOS 软件，应用验证性因素分析，对认知度、服务度、参与度与满意度四个潜变量之间关系、组织支持感与合作社成员退出意愿的关系等两个问题进行

实证分析；本书应用多元回归分析方法分析了内部社会资本和组织认同两个主要解释变量对成员满意度变量影响的显著性，以及成员参与、组织支持两个主要解释变量对成员满意度变量影响的显著性；引入模糊数学理论，应用多层次模糊综合评价方法，分别从农户和利益相关者视角对林合组织满意度进行评价。由此可见，本书结合研究内容和调查数据的实际情况，综合运用了多种定量分析方法对林合组织成员满意度评价及其影响因素进行分析。这是本书在研究方法上的贡献。

（四）细分农业合作组织，具体到林合组织以及某一类型的林合组织进行分析

从林合组织角度进行分析，可以使合作组织的研究更全面、更深入，从而更加准确地把握农户对林合组织满意度状况及满意度影响因素及作用机理。这是本书在应用方面的贡献之一。

（五）提出了提升林合组织成员及利益相关者满意度的措施建议

根据调查数据分析结果，基于农户及利益相关者的视角，有针对性地提出了提升林合组织成员及利益相关者满意度的政策建议，这对于推动林合组织发展具有较高的理论及应用价值。这是本书在应用方面的贡献之二。

二 研究不足与研究展望

（一）本书的研究对象主要是农户专业合作社和股份合作林场，对林业专业协会研究较少

考虑到西部省份尤其是云南省的林业专业协会很多不符合《社会团体登记管理条例》规定，因此，本书对于林业专业协会涉及较少。在后续研究时，可以考虑调研福建、浙江等股份合作林场、林业专业协会等林合组织发展较好的省份，丰富课题的研究成果，提高研究结论和政策建议的适用性。

（二）本书缺乏对发达省份与欠发达省份的林合组织成员的满意度进行比较分析

在课题研究设计之初，课题组试图调查不同省份的林合组织，以获得更全面的调研数据，从而可以将不同区域的林合组织成员满意度

进行比较分析。然而，课题开题评审组专家认为，在课题经费有限的情况下，建议调查区域以云南为主，兼顾西部其他省份。综合考虑专家组的建议，课题组对调查区域进行了微调。在后续研究时，在经费允许的情况下，继续对福建、浙江等林业强省的林合组织展开调查，不断完善课题研究成果。

第二章　林合组织发展基础理论

第一节　交易成本理论

“交易成本”概念最早是由科斯创立。科斯认为，交易成本是“通过价格机制组织生产的最明显成本，就是所有发现相对价格的成本”（朱琴芬，2006）。科斯的交易成本理论主要包括以下几层含义：

其一，是指交易准备阶段所花费的成本。它包括获得和处理市场中有效信息所花费的成本；收集有关价格分布、产品质量、寻找潜在的买者或卖者等成本。无论是对林产品生产者还是购买者，寻找潜在的交易对象对双方而言都需要花费很多时间、精力或者金钱。林合组织的建立，可以为购买者和销售者搭建交易的通道。林合组织可以专门负责联系销售商，与林产品中间商统一谈判，这既提高了谈判效率，也降低了双方搜寻成本。

其二，是指交易活动进行时所发生的成本，也就是“市场上每一笔交易活动所发生的谈判或者签约成本”。其中，包括交易双方的讨价还价、订立合约、监督合约履行、了解交易双方是否遵守合约条款的成本；合约签订者不承担义务，强制执行合约所造成损失等方面的成本。林产品生产者的分散性、农户自身知识欠缺等因素决定了农户在与林产品中间商进行谈判时，处于相对劣势的地位。另外，对于每一笔林产品交易活动，林产品生产者和购买者之间都需要进行谈判与讨价还价，交易双方都需要投入一定的时间和精力。通过建立林合组织，将分散的农户联合起来，由它充当农户与龙头企业交易的中介，对合约双方来说都是帕累托改进。从图 2－1 可以看出，如果 5 个生产者和 5 个购买者直接进行交易的活动中，则需要进行 25 次交易。如果林合组织作为中介参与交易活动，交易次数为 10 次，则减少 15 次交易次数，从而大大降低了交易成本。林合组织的建立在一定程度上矫正了农户在与企业对话中的弱势地位，而且对企业的违约行为也产生了一定的制约（马九杰、徐雪高，2008）。

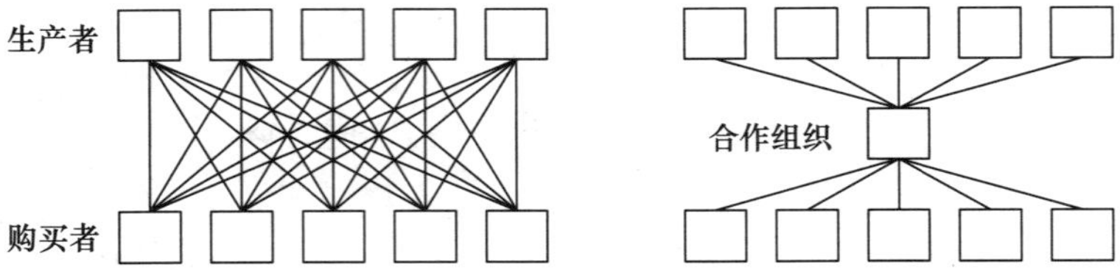

图 2－1　专业合作组织降低交易成本示意

因此，林合组织的统一谈判和统一讨价还价既提高了谈判效率，也部分地改变了农户在市场中谈判的劣势地位。

其三，交易成本本身虽然不直接创造财富，但也要耗费人们的时间、精力和金钱等社会财富。要创造较高的效率，节约交易成本也是一种途径。图 2－2 表示林产品生产者和中间商之间的交易情况，其中 S 和 D 表示林产品交易双方交易愿望。但在某一时间，林产品生产者可能找不到合适的买主，他就必须等待，不断寻找。这时，林产品中间商的出现为林产品生产者提供了一个及时的买主。林产品中间商在将林产品重新转手之前需要支付存货等费用，这也决定了林产品中间商要以较低的价格从林产品生产者手中购进，这样，林产品就可以在均衡价格 P_S（由需求曲线 D_2 和供给曲线 S_1 决定）上成交。另外，需要林产品的买主，由于信息不对称，也可能找不到合适的卖主，这样，林产品中间商就可以同时满足林产品生产者和消费者的需要。由于林产品中间商在林产品销售之前支付了一定费用，因此，他向买者索取较高的价格 P_b（由 S_2 曲线和 D_1 曲线决定）。因此，在均衡点时，$P_b - P_s$ 就表示林产品中间商的交易成本。因此，林产品中间商的存在提供了交易便利。

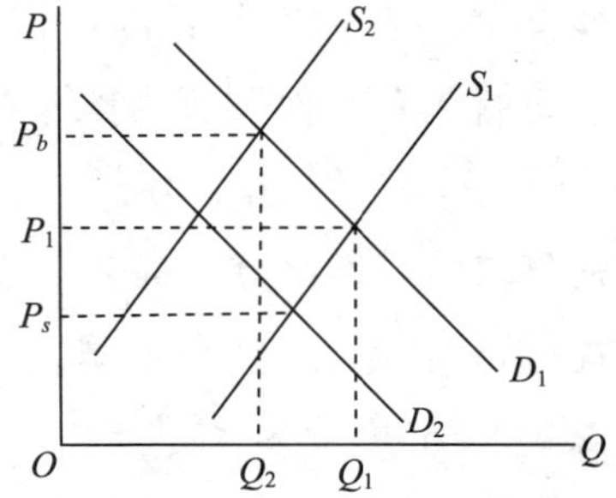

图 2－2　林产品生产者和中间商交易情况

第二节　信息不完全和不对称理论

信息不完全是指市场经济主体没有或者无法掌握交换商品的全部信息。由于人们的认识能力有限，人们不可能知道在任何时候、任何地方发生的或者即将发生的任何情况。比如，在林产品交易过程中，由于受时间、精力等因素的影响，林产品购买者无法充分了解林产品的交易价格和林产品的质量等信息，使林产品购买者很难做出理性选择。另外，林产品生产者也会受到时间、精力和专业知识等因素的影响，在林产品质量等因素既定的情况下，也可能无法找到适当的林产品购买者。同时，林产品生产者在购买林产品种子等生产要素时也会受到信息了解不充分，使得无法以合适的价格购买到满意的生产要素，进而影响林业生产者的效益。

信息不对称是指经济交易的双方之间，其中一方掌握了另一方所没有掌握的信息。比如，在林产品交易过程中，林产品生产者对自己所生产的林产品质量较为了解，而一些林产品中间商或者其他购买者可能并不清楚林产品的质量。在信息不对称的情况下，就会出现逆向选择。市场的信息不充分，就会使质量好的林产品和质量差的林产品无法区分开来，林产品购买者就无法根据自己的预算约束自由地在不同质量、不同价格的林产品之间进行挑选。为了提高林产品的销售价格，林产品生产者可能会隐瞒自己产品存在的质量问题。长此以往，这可能会影响林产品中间商或者其他购买者购买的积极性，进而影响林产品生产者的收益。

为了解决信息不完全和不对称给林产品生产者或购买者带来的负面影响，林产品生产者可以商议成立林合组织，由其负责生产资料的价格等方面信息的收集，同时负责联系林产品中间商或者其他购买者，为林产品交易双方搭建交易平台。林合组织可以作为林产品质量的担保者，对于林产品购买者而言，节约了搜寻时间和搜寻费用，降低了购买者的交易成本。另外，由于合作组织的“信誉担保”，林产品就可以提高销售价格，从而增加林产品生产者收益。

第三节　消费者剩余和生产者剩余理论

社会的经济福利可以由消费者剩余和生产者剩余的总和（总剩余）来衡量。消费者剩余是买者从参与市场活动中获得的利益，而生产者剩余是卖者从参与市场活动中获得的利益。在市场经济条件下，使社会总剩余最大化的资源配置是有效率的。图 2－3 为林产品供求情况。

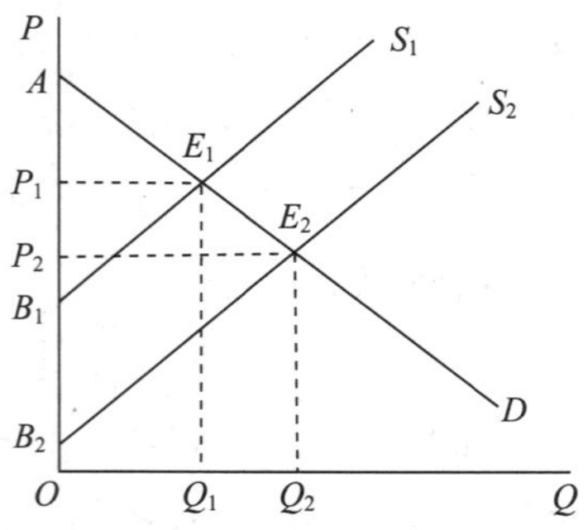

图 2－3　林产品供求

在没有林合组织参与市场交易的情况下，市场的均衡产量与均衡价格由供给曲线 S_1 和需求曲线 D 决定，此时的市场均衡价格和均衡产量分别为 P_1 和 Q_1，消费者剩余和生产者剩余分别为面积 AP_1E_1 和面积 $B_1P_1E_1$，总剩余为面积 AB_1E_1。在林合组织参与市场交易的情况下，林合组织可以在统一购买生产资料等方面为林产品生产者降低生产成本，成本下降会使得林产品供给由 S_1 增加到 S_2，此时的市场均衡价格和均衡产量分别为 P_2 和 Q_2，消费者剩余和生产者剩余分别为面积 AP_2E_2 和面积 $B_2P_2E_2$，总剩余为面积 AB_2E_2。从图 2 - 3 可知，面积 AP_2E_2、面积 $B_2P_2E_2$、面积 AB_2E_2 分别大于面积 AP_1E_1、面积 $B_1P_1E_1$、面积 AB_1E_1，因此，消费者剩余、生产者剩余和总剩余都比林合组织没有参与市场交易之前有所增加。由此可见，林合组织参与市场活动可以提高资源配置效率，增加参与市场活动交易主体的剩余和市场总剩余。

第四节 组织创新和组织优势理论

达曼庞（Damanpour，1998）认为，组织创新既包括组织内部的变革，还包括组织对外部环境变化的反应，或者是组织预先的行动引导环境的变化。从组织的内部因素来讲，组织结构、组织文化或人才资源等因素都会引起组织内部的变革。从组织的外部环境因素来讲，市场环境的变化、组织所处的政治经济背景、社会文化环境等都会影响组织创新的整个过程。市场环境变化是组织创新的首要外部因素，其中最重要的是市场需求变化。组织作为市场中的供给方是为满足需求而存在的。

一般而言，在市场经济条件下，市场竞争力与组织化程度呈正相关关系，组织的高度化是竞争主体在市场竞争中占有优势的关键。传统的农村组织已经不能适应林业发展由封闭到开放的需求。林合组织是对以农户直接进入市场的低组织化程度的组织创新。林合组织创新是在保持农户家庭经营的基础上将分散经营的农户通过一定的形式组织起来，使组织化的农户作为平等的市场主体进入社会化大市场，利用现代生产手段和科技来发展连片种植，进行大规模的加工和销售活动。

林合组织可以充分发挥组织的优势。其一，林合组织成员还可以获得合作组织整体收益超可加性所带来的利益。合作组织整体收益超可加性是指合作组织整体收益或贡献大于单个组织成员收益或贡献简单加总之和。合作组织整体收益超可加性可以来自组织统一利用市场资源、组织内合理分工协作、对外谈判能力增强等方面。合作组织整体收益超可加性越强，组织成员个体收益将越大，农户就越有加入合作组织成为组织成员的正面激励（张明林、付春，2006）。通过林合组织创新，农户可以获得组织创新带来的潜在利润，可以提高农户的收入。其二，林合组织以其“组织信誉”向金融机构融资（马九杰、徐雪高，2008），在农户和金融机构之间架起一道“桥梁”，减少了金融机构向农户贷款的忧虑。合作组织作为农户向金融机构贷款的“隐性”担保人，降低了金融机构的信贷风险和贷款成本，这是因为，合作组织对农户的个人信誉、家庭财产等信息较为了解，作为金融机构审核农户贷款风险的第一道“防范墙”，确保有一定还款能力的农户才能获得贷款。在合作组织作为农户贷款的“隐性”担保人时，金融机构的贷款手续得以简化，降低贷款成本，一旦农户违约还款，金融机构就可以直接向合作组织追回贷款，这既直接节省了向农户直接追讨的成本，还可以间接地降低农户贷款成本和贷款难度（何安华、孔祥智，2009）。

第五节　公共物品和外部性理论

公共物品具有消费的非竞争性和非排他性。非竞争性是指某人对该物品的使用并不会减少他人对该物品的使用，即在给定的生产条件下，为另一个消费者提供该物品所带来的边际成本为零。非排他性是指一种物品具有的不能阻止他人使用该物品的特性，或者阻止成本很高。林合组织可以说是一种公共物品（蔡秀玲，2003）。林合组织建立以后，农户加入到该组织后就可以享受该组织提供的一切服务，随着其他农户的加入，该组织提供的服务内容和服务水平不会受到影响，即一些农户加入享受到组织提供的服务并不会受到其他农户加入组织的影响。另外，林合组织的非排他性特征不明显，这就会导致“搭便车”问题。“搭便车”问题的存在就使私人市场无法有效提供公共物品，即林区无法建立有效充分的林合组织。

从图 2－4 可以看出，由于林合组织存在正外部性，农户对该组织的需求（私人价值）小于社会价值（包括私人价值和外部利益），再加上林合组织无法有效获得适当的外部效应补贴，这就导致林合组织的市场提供数量小于社会合意的数量。由于不能对没有加入林合组织而使用该组织这一公共物品的人收费，所以，在私人提供这种物品时，人们存在“搭便车”的激励（曼昆，2009），因此，该合作组织最好是由村集体等组织推动建立。

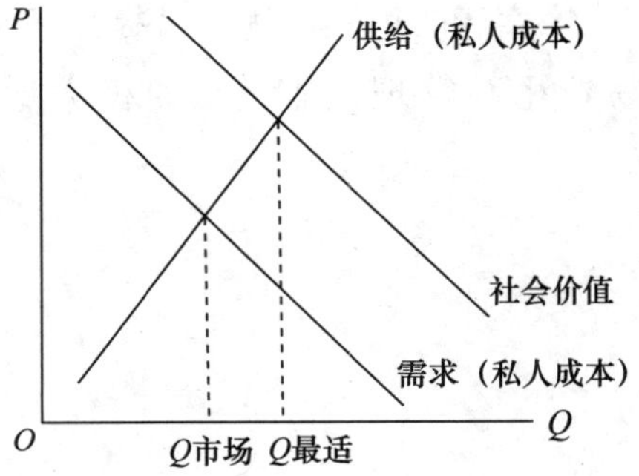

图 2－4　林合组织的市场与社会合意数量

第六节　专业化分工理论

斯密（2009）在《国富论》中首次提出了劳动分工的观点，确定了分工在经济学中的重要地位，他指出：“有了分工，同数量的劳动者就能完成比过去多得多的工作量，其原因有三：第一，劳动者的技巧因业专而日进；第二，由一种工作转到另一种工作，通常须损失不少时间，有了分工，就可以免除这种损失；第三，许多简化劳动和缩减劳动的机械的发明，使一个人能够做许多人的工作。”英国经济学家马歇尔从外部经济和内部经济两个方面，在企业经营职能、企业规模生产和工业布局三个层次阐述了分工对报酬递增的作用。

在林业生产经营过程中，农户需要经过采购、种植、加工、储藏等一系列环节，每一个环节都需要农户花费大量的时间和精力。由于信息的不完全和不对称，农户在千变万化的市场信息面前无所适从，无法收集和利用有效的信息，难以抵御各种市场风险，这就造成农户分散和单独经营的效率十分低下。林合组织的建立使得农户在加入组织后可以专注于生产，其他许多环节可以由合作组织实施。由于实行专业分工，合理配置各种资源，农户就可以安心生产，不断提高科学种植或养殖技能效率，合作组织则可以为农户提供技术、资金、信息等服务，既解除了农民生产的后顾之忧，又提高了林业经营的专业化程度，降低了交易费用和管理成本，从而极大地提高林业经营的效率。

第三章　林合组织满意度影响因素分析

在对现有相关文献进行归纳梳理的基础上，本书充分借鉴现有的研究成果，从三个层次五个方面论证分析农户对林合组织满意度的影响因素。

第一，基于人口统计变量视角，从性别、年龄、文化程度、社龄、林合组织成员主要身份等方面分析了人口统计变量的差异对满意度五个变量的影响。应用T检验和单因素方差分析两种统计分析方法对人口统计变量与满意度变量之间的关系进行分析。本书不仅分析了各个人口统计变量对满意度的影响显著性，还论证分析了满意度变量在人口统计变量各个维度的差异性。

第二，论证分析政府工作人员和林合组织成员对政府作用的认知差异性，进而分析认知差异对农户满意度的影响。政府作用的认知差异性直接影响农户对林合组织的满意度。现有文献较少从该视角进行论证分析。

第三，从三个方面分析论证一些关键变量对林合组织满意度的影响显著性。首先，构建认知度、参与度、服务度与满意度之间的理论模型。考虑到这些变量之间不是传统的、单向的因果关系，因此，本书应用结构方程模型（SEM）的方法，分析论证这些变量之间的关系，尤其是这些变量对满意度变量的影响程度。其次，在影响因素变量中加入组织认同和内部社会资本等变量，同时将自变量区分为核心变量和控制变量，应用阶层回归分析方法，探究组织认同和内部社会资本等核心变量对满意度的影响显著性。最后，在影响因素变量中加入组织支持感变量，同时考虑到成员参与变量的调节效应，应用阶层回归分析方法，论证分析了组织支持感变量对满意度的影响显著性。

其中，人口统计变量、政府作用的认知差异是本书影响因素理论模型分析的基础。在此基础上，随着参与度、认知度、组织认同、内部社会资本和组织支持感等变量的层层引入，不断丰富了影响因素的理论模型，从不同视角、不同层次论证分析了林合组织成员满意度的影响因素。

第一节　基于人口统计变量的林合组织成员满意度差异性研究

为了深化集体林权制度改革，进一步发挥林合组织作用，提高林合组织成员满意度是后林改时期林合组织需要解决的关键问题。农户的满意度直接影响和决定林合组织发展效果。近年来，国内外学者开始关注和研究合作社成员满意度问题（Gray and Kraenzle，1998；Nilsson et al.，2009；郭红东等，2009；毛文坤等，2012）。郭红东等（2009）通过调查研究发现，社员收入水平、社员入社年数、合作社是否提供种子和种苗服务、农资供应服务、产品销售服务、合作社是否按股分红对农户社员满意度正向影响显著。谢启超和郑华（2011）通过实地调查研究表明，文化程度、家庭人均年收入、外出打工人数等变量显著正向影响农户满意度，而年龄、性别等与农户满意度负相关。牛西平（2011）通过研究发现，农户对合作社了解情况、合作社提供服务质量等因素显著影响农户对合作社满意度，而户主文化程度、年龄、人心不齐、内部组织结构不合理等变量影响不显著。毛文坤等（2012）研究表明，户主年龄和文化程度对满意度负向影响显著；社员种养殖规模、合作社规模、财务是否透明、利润分配公平与否等变量对满意度正向影响显著，而合作社成立时间、对合作社了解程度、社长能力、决策是否民主等变量对农户满意度影响不显著。肖友利和刘凤（2012）、李玉新等（2013）则从政府政策和政府行为等外部环境因素视角论证分析农户满意度影响因素。还有部分学者还认为，社会资本影响农户对合作社满意度（Dukerich et al.，2002；Dick et al.，2004）。上述文献主要从农户自身特征、合作组织特征和外部环境因素等角度论证分析农户满意度影响因素，这对于研究林合组织成员满意度影响因素具有一定的参考价值，但是，这些文献缺乏从人口统计变量角度深入分析其对林合组织成员满意度影响的差异性。本书拟从人口统计变量角度，探讨分析人口统计变量对林合组织成员满意度的五个维度影响是否显著，是否存在差异性，并在此基础上提出相应的政策建议。

一　研究设计

（一）数据收集

为了增强样本的代表性和调查数据的易获得性，本书从2011年国家林业局确定的“首批创建全国农民林业专业合作社示范县”中选择云南省腾冲、盐津和云龙三县作为调查区域。本次调查地域分布广泛，涵盖保山、昭通和大理三个市（州），分别位于云南省西部、北部和中部区域，再加上调查对象选取的随机性，因此，本书研究的内容具有一定的代表性。本次调查的林合组织主要包括腾冲县箐口林合组织、腾冲县界头石斛种植专业合作组织、盐津津华竹产业专业合作组织、云龙县宏达核桃专业合作组织等7家省级示范社和13家普通合作社。本次调查共向林合组织成员发放问卷270份，获得有效问卷263份，有效问卷率达97.41%。

（二）问卷设计

在充分借鉴现有相关文献的基础上，初步设计出林合组织满意度调查问卷，然后，在征求相关专家意见的基础上，对问卷进行修改。考虑到调查对象主要是农户，为了使农户更易于理解调查问卷内容，本书对问卷进行了试调查。试调查以30个大学生和30名农户为调查对象。通过试调查，删除和修改了部分题项，最终形成了本书调查问卷（见附录）。林合组织成员满意度状况题项采用李克特量表，包括5个选项：1为“非常不满意”、2为“不满意”、3为“一般”、4为“满意”和5为“非常满意”。

二　数据预处理分析

（一）项目分析

为了测量本书编制的林合组织成员满意度问卷能否有效反映想

要测量的内容，即测量项目的鉴别度，可以通过对受测者在各题项的通过率进行判断。首先，计算出各测量项目总分；其次，将27%的得高分者和27%的得低分者形成高分组和低分组，在此基础上应用独立样本T检验方法检验高分组和低分组在各题项回答的差异。设定显著性水平为0.05，满意度各题项均通过独立样本T检验。这说明本书构建的满意度问卷各题项具有较好的鉴别度，可以做进一步分析。

（二）信度与效度检验

问卷的信度与效度直接影响研究结论和政策建议的准确性。本书拟采用学术界一贯采用的Cronbach's α系数（以下简称α系数）衡量问卷的信度。一般认为，α系数在0.9以上，问卷信度较为理想；α系数在0.7—0.9，问卷信度较高；α系数在0.7以下，问卷信度不够理想，需要采用适当的方法进行改进（邱皓政，2009）。应用Stata 12.0对问卷进行信度分析，得到问卷整体的α系数为0.8317，问卷整体信度较为理想。通过问卷各测量维度的α系数可以看出（见表3-1），除管理满意度测量维度的α系数（0.6524）略低于0.7的标准之外，其他测量指标的信度都较高。

同样，应用SPSS 18.0对满意度各测量维度的具体指标进行因子分析，通过正交旋转得到各测量指标在其相应变量上的因素载荷（见表3-1）。表3-1显示，除合作社内部人心齐（0.592）指标的因素载荷略低于阈值0.6之外，其余测量指标在相应变量上的因素载荷均高于0.6，问卷结构效度较好。

表3-1　　组织成员满意度问卷信度及效度

测量指标	具体测量指标	因素载荷
民主满意度（α系数为0.849）	一人一票制度	0.858
	入社退社自由	0.761
	决策方式民主	0.732
	尊重农户意愿	0.835

续表

测量指标	具体测量指标	因素载荷
服务满意度（α系数为0.775）	服务种类	0.829
	服务次数	0.631
	服务质量	0.882
分配满意度（α系数为0.850）	收入增长提高状况	0.834
	分配制度健全与否	0.668
	收益分配公平状况	0.763
管理满意度（α系数为0.652）	财务制度健全与否	0.769
	信息公开透明状况	0.774
	与管理层沟通状况	0.691
	重大决策方式合理	0.889
关系满意度（α系数为0.801）	合作社内部人心齐	0.592
	成员人际关系和谐	0.848
	成员之间相互信任	0.764

三　实证分析及结果讨论

（一）满意度测量维度的均值分析

表3－2反映了满意度各测量维度的均值及标准差。通过表3－2可以看出，在满意度各测量维度中，林合组织成员的民主满意度水平最高，满意度均值为3.761，处于比较满意水平；林合组织成员的服务满意度水平最低，均值为2.673，处于较不满意水平；对其他满意度测量维度进行排序，得到满意度水平由高到低排序依次为分配满意度、关系满意度和管理满意度，其对应的满意度均值分别为3.582、3.229和2.814。

表3－2　　　　测量指标的均值及标准差

测量变量	样本数	变量均值	变量标准差
民主满意度	263	3.761	0.732
服务满意度	263	2.673	0.689
分配满意度	225	3.582	0.625

续表

测量变量	样本数	变量均值	变量标准差
管理满意度	263	2.814	0.745
关系满意度	263	3.229	0.717

注：社龄在1年及以下的38个成员没有收益分配，故分配满意度样本数为225份。

（二）人口统计变量对满意度影响的差异性分析

本书主要从性别、年龄、文化程度、社龄和林合组织成员主要身份等方面分析了人口统计变量的差异对满意度变量的影响。对各人口统计变量和满意度变量之间的关系分析主要应用T检验和单因素方差分析两种统计分析方法。

1. 性别

通过表3-3可以看出，性别对满意度变量各维度的影响存在一定差异，其中，性别对分配满意度、管理满意度和关系满意度三个变量影响显著，对民主满意度和服务满意度变量影响不显著。而在显著性影响中，性别对关系满意度影响最为显著（显著性概率小于0.001）。通过T检验均值水平可以进一步看出，女性对林合组织分配和成员间内部关系比男性更不满意，而男性比女性在林合组织管理方面更不满意。一般而言，女性成员更加关注林合组织的收益，她们对林合组织给自身家庭带来的收益变化比男性更加敏感。同时，与男性成员相比，女性成员更加关注和在意其他成员对自己的评价，她们也更希望通过加入林合组织获得更多的沟通交流机会，从而改善林合组织内部成员间的相互关系。然而，当前云南省林合组织经济功能发挥得更加突出，其承担的教育功能等社会功能没有得以充分体现，使林合组织成员间的内部关系没有得以明显改善。另外，与女性成员相比较，男性成员参加林合组织管理的机会更多，比如，参加林合组织领导选举或林合组织收益分配等会议。目前，由于林合组织管理缺位及管理制度不健全，所以，加剧了男性成员对林合组织管理的不满意。

表 3-3　性别对满意度变量各维度的影响结果

性别	民主满意度		服务满意度		分配满意度		管理满意度		关系满意度	
	均值	标准差	均值	标准差	均值	标准差	均值	标准差	均值	标准差
男	3.88	0.67	3.73	0.77	3.92	0.38	2.57	0.63	3.46	0.39
女	3.71	0.72	3.68	0.69	3.23	0.53	3.05	0.69	2.97	0.55
T 值	1.871		1.533		2.080		2.254		4.457	
P 值	0.084		0.095		0.042 *		0.036 *		0.000 ***	

注：* 表示 $P<0.05$；** 表示 $P<0.01$；*** 表示 $P<0.001$；P 为双尾检验值；下同。

2. 年龄

通过表 3-4 可以看出，年龄对满意度变量各维度的影响也存在一定差异。其中，年龄对民主满意度变量影响显著，对服务满意度、分配满意度、管理满意度和关系满意度 4 个变量影响都不显著。均值分析结果显示，林合组织成员年龄越大，对组织民主越满意，这可能与年轻成员更少有机会参与组织民主决策、年轻成员民主意识更强而对组织民主期望更高等因素有一定关系。

表 3-4　年龄对满意度变量各维度的影响结果

年龄	民主满意度		服务满意度		分配满意度		管理满意度		关系满意度	
	均值	标准差	均值	标准差	均值	标准差	均值	标准差	均值	标准差
<20 岁	3.28	0.83	2.50	0.72	3.47	0.79	2.97	0.67	3.25	0.61
20—30 岁	3.36	0.65	2.62	0.83	3.42	0.70	2.61	0.63	3.34	0.49
30—40 岁	3.57	0.74	2.68	0.49	3.71	0.65	2.68	0.72	3.27	0.42
40—50 岁	3.88	0.73	2.64	0.86	3.79	0.57	2.88	0.78	3.42	0.62
50 岁以上	4.14	0.79	2.81	0.71	3.57	0.64	2.70	0.74	3.31	0.75
F 值	6.291		0.826		1.292		1.802		1.023	
P 值	0.000 ***		0.406		0.245		0.145		0.306	

3. 文化程度

表 3-5 显示，文化程度对民主满意度、服务满意度和管理满意度变量的影响较为显著（显著性水平都小于 0.001），但对分配满意

度和关系满意度变量影响不显著。通过满意度变量各维度均值水平可以看出，总体而言，文化程度越高的成员对组织服务以及管理等方面更不满意。一般而言，组织成员文化程度越高，对林合组织管理、服务功能发挥等方面更为关注。在当前林合组织运行不够规范和组织功能尚未充分发挥的情况下，文化程度高的成员更不满意的表现也在情理之中。

表3-5　　文化程度对满意度变量各维度的影响结果

文化程度	民主满意度		服务满意度		分配满意度		管理满意度		关系满意度	
	均值	标准差	均值	标准差	均值	标准差	均值	标准差	均值	标准差
未上学	3.53	0.71	3.16	0.80	3.56	0.41	3.06	0.67	3.39	0.78
小学	3.66	0.87	2.72	0.74	3.73	0.63	2.89	0.64	3.27	0.76
初中	3.79	0.56	2.68	0.53	3.71	0.83	2.86	0.73	3.33	0.66
高中	4.04	0.54	2.42	0.72	3.69	0.75	2.65	0.72	3.44	0.64
大专以上	3.84	0.69	2.27	0.83	3.49	0.78	2.42	0.79	3.21	0.82
F值	10.162		6.643		1.208		5.638		1.426	
P值	0.000***		0.000***		0.256		0.000***		0.214	

4. 社龄

表3-6显示，加入林合组织的时间（社龄）对服务满意度和分配满意度变量影响显著（显著性水平都小于0.001）。通过服务满意度均值水平可以看出，社龄越长，成员对林合组织满意度水平越低。这个现象也值得关注。按照正常逻辑，加入合作组织越长，就越能体会到合作组织给自身带来的服务好处，但从统计数据来看，成员对组织提供的服务满意度不断降低。随着合作组织规模的不断扩大，合作组织的服务范围和服务质量不能相应提高，林合组织对成员的吸引力就会逐渐降低，进而影响成员参与组织的积极性。表3-6还显示，随着社龄增加，成员对分配满意度不断提升，这说明社龄越长的成员对林合组织的分配状况越满意。这在一定程度上反映出林合组织的分配制度在不断走向规范，社龄长的成员体会更明显。

表 3-6　　社龄对满意度变量各维度的影响结果

社龄	民主满意度		服务满意度		分配满意度		管理满意度		关系满意度	
	均值	标准差	均值	标准差	均值	标准差	均值	标准差	均值	标准差
1 年以下	3.85	0.76	2.91	0.79	—	—	2.89	0.55	3.12	0.88
2—3 年	3.74	0.72	2.74	0.71	3.38	0.64	2.73	0.62	3.25	0.74
4—5 年	3.76	0.78	2.58	0.45	3.57	0.71	2.88	0.77	3.18	0.73
6 年以上	3.68	0.62	2.32	0.63	3.86	0.53	2.79	0.82	3.34	0.69
F 值	-0.318		6.722		7.681		0.420		1.809	
P 值	0.714		0.000***		0.000***		0.603		0.129	

注："—"表示社龄在 1 年及以下的 38 个成员没有分配，故没有均值和标准差检验值。

5. 主要身份

通过表 3-7 可以看出，林合组织成员的主要身份直接影响其对组织的民主满意度、服务满意度和分配满意度。这说明，尽管都是林合组织成员，但由于其主要身份不同，对组织民主管理、服务、分配等方面满意度存在差异。通过均值结果可以看出，与组织领导、专业大户和村干部相比较，无论是民主满意度、服务满意度还是分配满意度，一般农户的满意度最低（均值检验数值更大）。这反映出一般农户在合作组织中处于弱势地位，往往无法通过正常渠道反映其合理想法和建议，进而影响其满意度。

表 3-7　　主要身份对满意度变量各维度的影响结果

主要身份	民主满意度		服务满意度		分配满意度		管理满意度		关系满意度	
	均值	标准差	均值	标准差	均值	标准差	均值	标准差	均值	标准差
组织领导	3.84	0.56	3.22	0.66	3.71	0.56	2.88	0.83	3.33	0.66
专业大户	3.89	0.78	2.69	0.49	4.03	0.67	2.84	0.82	3.14	0.85
一般农户	3.35	0.86	2.27	0.84	3.30	0.83	2.72	0.61	3.37	0.64
村干部	3.64	0.63	2.72	0.72	3.60	0.88	2.77	0.79	3.26	0.58
F 值	8.339		3.643		7.125		1.889		2.224	
P 值	0.000***		0.031**		0.000***		0.141		0.069	

第二节　政府角色定位的认知差异与组织成员满意度关系研究

自从2006年以来，林合组织受到理论界和实务界的高度关注，这与政府对林合组织的发展定位有着密切的关系。作为政府主导型的发展中国家，中国将林合组织的发展定位为国家集体林权制度配套改革的重要组成部分，并将其视为促进林业产业化和现代化的重要手段（许向阳等，2007）。林合组织作为农民专业合作社的一个组成部分，既不同于公司等企业法人，又不同于具有营利性的社会团体法人，与政府之间的关系会影响其自身的健康发展（姚瑶，2014）。因此，统筹协调好政府与林合组织之间的关系，既有利于促进林合组织的可持续发展，也有利于促进政府职能转变。近年来，学术界开始关注政府在林合组织发展中的角色定位及作用问题。有学者认为，在现阶段不能削弱基层政府在合作社中的主导作用，可以通过财政转移、税收优惠、信贷优惠、技术培训、规划编制等政策措施支持合作组织的发展（赵晓峰，2007；黄勇、尹少华，2010）；有学者指出，林合组织在发展的起步阶段往往离不开政府的扶持，国家可以作为“第一推动力”来弥补个人主动性的不足（许向阳等，2007；孔祥智等，2009）。然而，林合组织的创建大部分是由政府部门领办，政府对林合组织的发展可能存在过度介入问题，这个问题的关键在于政府对自身的定位存在一定偏差（沈月琴，2005）。有学者认为，政府给合作组织提供免费的资金捐赠或低息贷款会助长更多“空壳”合作组织的产生，也会影响农民对合作组织正确的认识（邓衡山等，2010）。从国际经验来看，许多国家对合作组织的发展持积极态度，希望政府能够积极推动甚至主导合作组织的发展，然而，这样的做法往往以失败而告终（Fan，2005）。通过对相关文献梳理可以发现，学术界对于政府在林合组织发展中的角色定位问题存在一定分歧。多数学者认为，在林合组织发展初期，政府应该发挥主导作用；也有一些学者认为，政府不应该主导林合组织的发展。因此，进一步研究政府在林合组织发展中的角色定位问题，对于政府正确履行自身职能，充分发挥政府在林合组织发展中的作用具有重要意义。

一 研究设计

（一）数据来源

结合大学生家庭所在地和当地林合组织的发展情况，选取云南省的腾冲、鲁甸、华宁、易门、昌宁、景东和大姚7个县作为调查区域，其中，腾冲、鲁甸和华宁3个县为首批创建全国农民林业专业合作社示范县，因此，调查数据具有一定的代表性。正式调查共向林合组织成员和政府工作人员发放问卷328份，获得有效问卷310份，其中，获得林合组织成员的有效问卷227份，获得政府工作人员的有效问卷83份，有效问卷率为94.51%。正式调查样本中的政府工作人员主要包括县林业局、乡林业站和村委会领导等政府工作人员。

（二）问卷设计

在充分借鉴现有相关文献的基础上，初步设计出调查问卷。考虑到调查对象是农户，为了获得更加准确的调查数据，选取了10个林合组织成员和5个政府工作人员作为预调查对象，对他们进行了问卷预调查。根据预调查结果，删除或修改了一些语句难以理解的题项，同时就问卷中的题项能否反映调查实际情况向他们征询意见，最终形成了正式调查问卷（见附录）。

二 实证分析与结果讨论

（一）样本数据的描述性统计分析

正式调查样本以男性为主，年龄段主要集中在40—50岁，文化程度以初中为主。这些数据的描述性统计在一定程度上可以反映样本具有总体代表性。正式调查样本以林合组织成员为主，占被调查总数的73%；被调查者加入林合组织的时间主要集中在5—7年，林合组织成立的年数主要集中在6—10年，这反映出样本林合组织的成立时间还较短，且被调查者加入林合组织的时间也不长；样本林合组织的规模主要集中在50—100户，总体规模偏小。

（二）政府工作人员和林合组织成员对政府作用认知的差异分析

1. 政府对林合组织发展作用程度的认知差异

为了检验政府工作人员和林合组织成员对政府作用程度的认知差异显著性，采用卡方检验进行分析（见表3－8），得出政府工作人员和林合组织成员对政府作用程度的认知存在显著差异这一结论（P＜0.05）。政府工作人员认为，政府对林合组织发展作用较大和非常大两者合计为71%；林合组织成员认为，政府对林合组织发展作用不太大和完全没有作用两者合计为52%。这说明，政府工作人员认为，政府对林合组织发挥作用较大，而林合组织成员认为，政府对林合组织发展作用不太大，即政府工作人员和林合组织成员对政府在林合组织发展过程中作用的认知存在较大差异，这需要在后文做进一步分析，以探究双方认知差异出现的原因。

表3－8　　政府对林合组织发展作用程度的认知

政府作用程度	政府工作人员		林合组织成员	
	人数（人）	比重（%）	人数（人）	比重（%）
完全没有作用	0	0	30	13
不太大	11	13	89	39
一般	13	16	48	21
较大	45	54	37	17
非常大	14	17	23	10

注：Pearson $\chi^2 = 11.576$，P＝0.032。

2. 政府对林合组织发展应该发挥作用的认知差异

政府工作人员认为，政府对林合组织发展应该发挥的作用主要体现在林合组织法律规范、财政激励和林合组织制度规范三个方面（见表3－9）；林合组织成员认为，政府应该在信贷支持、基础设施完善和技术培训三个方面发挥重要作用。由此可以看出，政府工作人员和林合组织成员对于政府应该发挥作用的认知存在较大差异。为了更好地服务和推动林合组织发展，政府应该更多地站在林合组织成员的立场，从信贷支持、基础设施完善和技术培训三个方面不断完善工作内容和改进工作方式，从而更好地满足林合组织成员的需要。

表 3 – 9　　　　政府对林合组织发展应该发挥作用的认知

政府应该发挥作用范围	政府工作人员		林合组织成员	
	人数（人）	比重（%）	人数（人）	比重（%）
财政激励	43	19	45	11
信贷支持	20	9	99	24
技术培训	25	11	66	16
人才培训	20	9	33	8
林合组织制度规范	36	16	16	4
信息提供	9	4	45	11
基础设施完善	16	7	87	21
林合组织法律规范	56	25	21	5

注：该题项属于多项选择题。为了便于比较与分析，表格中仅显示应答百分比（N/总计），而没有显示个案百分比（N/有效人数）。表 3 – 10、表 3 – 11 和表 3 – 12 说明与此相同。

3. 政府对林合组织发展实际发挥作用的认知差异

政府工作人员认为，在林合组织发展过程中，政府实际发挥作用最大的是林合组织法律规范（见表 3 – 10），其次是财政激励，最后是林合组织制度规范。另外，林合组织成员认为，政府在技术培训、人才培训和林合组织制度规范三个方面已经发挥了重要作用。通过卡方检验结果可以看出，政府工作人员和林合组织成员对政府实际发挥作用的认知存在显著差异。认知差异主要体现在财政激励、林合组织法律规范和技术培训三个方面（见表 3 – 10）。具体而言，在对林合组织的财政激励和法律规范两个方面，政府工作人员对政府实际发挥作用的程度的认知率分别高于林合组织成员 11 个和 16 个百分点；在技术培训方面，林合组织成员对政府实际发挥作用的程度的认知率高于政府工作人员 10 个百分点。而且在信息提供、信贷支持和财政激励等方面，林合组织成员认为，政府实际发挥作用有限，尚不能满足林合组织发展需要。

表 3－10　政府对林合组织发展实际发挥作用的认知

政府实际发挥作用范围	政府工作人员		林合组织成员	
	人数（人）	比重（%）	人数（人）	比重（%）
财政激励	56	21	47	10
信贷支持	13	5	38	8
技术培训	19	7	122	17
人才培训	24	9	75	16
林合组织制度规范	37	14	61	13
信息提供	29	11	28	6
基础设施完善	19	7	52	11
林合组织法律规范	69	26	47	10

注：Pearson $\chi^2=13.692$，$P=0.027$。

4. 政府应该发挥和实际发挥作用的认知差异比较

首先，论证分析了林合组织成员对政府应该发挥作用和实际发挥作用认知的差异（见表 3－11），在林合组织成员看来，政府对林合组织发展应该发挥作用与实际发挥作用之间存在明显差异。数据表明，认为政府应该在信贷支持方面发挥重要作用的林合组织成员比认为政府在信贷支持方面发挥重要作用的成员多了 16 个百分点。这说明，林合组织成员对政府信贷支持的服务需求较大，而政府对信贷支持的服务供给远远不能满足其需求。在基础设施完善方面，林合组织成员对政府应该发挥作用与实际发挥作用的认知也存在明显差异，应该发挥作用的比重远远高于实际发挥作用的比重。在信息提供方面，林合组织成员认为，政府应该发挥作用比实际发挥作用也高出 5 个百分点。这反映出林合组织成员希望政府在基础设施完善和信息提供方面加大力度。

表3-11　林合组织成员对政府应该发挥作用和实际发挥作用的认知

政府发挥作用范围	应该发挥作用		实际发挥作用	
	人数（人）	比重（%）	人数（人）	比重（%）
财政激励	45	11	47	10
信贷支持	99	24	38	08
技术培训	66	16	122	17
人才培训	33	8	75	16
林合组织制度规范	16	4	61	13
信息提供	45	11	28	6
基础设施完善	87	21	52	11
林合组织法律规范	21	5	47	10

其次，论证分析了政府工作人员对政府应该发挥作用和实际发挥作用认知的差异（见表3-12），在财政激励、人才培训、林合组织制度规范、基础设施完善、林合组织法律规范等方面，政府工作人员认为，政府应该发挥作用与实际发挥作用基本一致。在信息提供方面，政府工作人员认为，政府实际发挥的作用高于应该发挥的作用7个百分点；在信贷支持和技术培训两个方面，政府工作人员认为，政府应该发挥作用高于实际发挥作用4个百分点。这说明，政府工作人员认为，政府在信贷支持和技术培训两个方面仍有一定的努力空间。总体而言，在政府工作人员看来，政府对林合组织发展应该发挥作用与实际发挥作用之间没有明显差异。

表3-12　政府工作人员对政府应该发挥作用和实际发挥作用的认知

政府发挥作用范围	应该发挥作用		实际发挥作用	
	人数（人）	比重（%）	人数（人）	比重（%）
财政激励	43	19	56	21
信贷支持	20	9	13	5
技术培训	25	11	19	7
人才培训	20	9	24	9
林合组织制度规范	36	16	37	14

续表

政府发挥作用范围	应该发挥作用		实际发挥作用	
	人数（人）	比重（%）	人数（人）	比重（%）
信息提供	9	4	29	11
基础设施完善	16	7	19	7
林合组织法律规范	56	25	69	26

5. *政府对林合组织发展作用状态的认知差异*

在林合组织的发展还处于起步阶段，农户还缺乏集体意识及联合行动的愿望的时候，政府可以作为“第一推动力”来弥补个人主动性不足，对林合组织进行适当干预（许向阳等，2007）。因此，政府的作用状态对林合组织发展至关重要。将被调查者身份和政府作用状态两个变量进行交叉列联分析及卡方检验（见表3－13），结果表明：政府工作人员与林合组织成员对于政府作用状态的认知存在显著差异（$P<0.05$）；且政府工作人员认为，政府对林合组织发展“作用适当”的占多数，而多数林合组织成员认为，政府在林合组织发展过程中存在管理缺位问题，仅有少数林合组织成员认为，政府对林合组织发展作用适当。这个调查结果也验证了表3－11的调查结果。表3－11显示，在信贷支持、信息提供、基础设施完善等方面，林合组织成员认为，政府实际发挥的作用远远小于期望发挥的作用，这也正是大多数林合组织成员认为政府对林合组织发展存在管理缺位问题的原因所在。

表3－13　　政府对林合组织发展作用状态的认知

政府作用状态	政府工作人员		林合组织成员	
	人数（人）	比重（%）	人数（人）	比重（%）
作用适当	64	77	38	17
存在越位问题	5	6	14	6
存在缺位问题	12	15	155	68
既存在越位也存在缺位	2	2	20	9

注：Pearson $\chi^2=26.328$，$P=0.000$。

6. 政府管理林合组织方式的认知差异

政府对林合组织的管理方式主要包括引导扶持、派人参与和完全不参与三种。林合组织成员认为，政府对林合组织的管理应该以引导扶持为主，这类成员占53%；其次是派人参与，这类成员占38%。然而，政府工作人员认为，政府对林合组织管理方式应当以派人参与为主，这类成员占67%；其次是引导扶持，这类成员占22%。由此可见，在现阶段，不少政府工作人员仍然希望在一定程度上参与林合组织经营管理。在林合组织发展初期，政府需要发挥助推作用，应该更多地引导林合组织发展，而不是过多地参与林合组织管理，否则，林合组织发展会受到束缚。

表3-14　　政府管理林合组织方式的认知

政府管理方式	政府工作人员		林合组织成员	
	人数（人）	比重（%）	人数（人）	比重（%）
引导扶持	18	22	120	53
派人参与	56	67	86	38
完全不参与	9	11	20	9

（三）林合组织特征与组织成员对政府作用认知的差异分析

1. 林合组织的成立年数与组织成员对政府作用认知变量的卡方检验

林合组织成立年数与林合组织成员希望政府管理林合组织的方式之间存在显著联系（$P = 0.000 < 0.05$）。对调查数据进一步分析可知，成立年数短的林合组织成员希望政府以派人参与方式管理林合组织，而成立年数长的林合组织成员更多地希望政府对林合组织以引导扶持为主。这说明，林合组织成立时间的长短对政府管理林合组织方式的要求也有一定的差异。同样，将林合组织成立年数与政府应该发挥作用和实际发挥作用分别进行了列联表分析和卡方检验，结果显示，在0.05的显著性水平下，林合组织成立年数的长短对组织成员希望政府应该发挥作用范围有显著影响（$P = 0.021 < 0.05$），而林合组织成立年数的长短对组织成员认为，政府实际发挥作用范围没有显

著影响（P=0.064>0.05）。这说明，一方面，无论林合组织成立年数长短，林合组织成员对政府实际发挥作用的认知没有变化；另一方面，林合组织成立年数的长短会显著影响林合组织成员对政府应该发挥作用的认知。根据列联表分析结果可知，林合组织成立年数越短，其成员越希望政府在技术培训方面给予支持；成立年数越长，其成员越希望政府在信贷政策方面给予支持。

表3－15　林合组织的成立年数与政府作用变量的卡方检验结果

变量	Pearson χ^2	自由度（df）	渐进 P（双侧）
成立年数与政府管理林合组织方式	77.026	4	0.000
成立年数与组织成员希望政府应该发挥作用	40.069	14	0.021
成立年数与组织成员希望政府实际发挥作用	5.472	8	0.064

2. 林合组织规模与组织成员对政府作用认知变量的卡方检验

在0.05的显著性水平下，组织规模变量显著影响政府林合组织管理方式变量（P=0），而对组织成员希望政府应该发挥作用变量（P=0.105）和组织成员认为政府实际发挥作用变量（P=0.113）的影响都不显著。根据列联表分析结果可知，在较小规模的林合组织中，大多数成员希望政府以派人参与方式协助组织发展，他们中的多数也认为，政府对林合组织发展存在管理缺位问题；在较大规模的林合组织中，多数成员希望政府以引导扶持方式助推组织发展，他们中的多数认为，政府存在越位问题。表3－16还显示，无论林合组织规模大小，成员对政府指导林合组织工作的满意度都不高。

表3－16　林合组织规模与政府作用变量的卡方检验结果

变量	Pearson χ^2	自由度（df）	渐进 P（双侧）
组织规模与政府管理林合组织方式	34.117	4	0.000
组织规模与政府指导组织工作的满意度	3.192	8	0.086
组织规模与组织成员希望政府应该发挥作用	2.238	14	0.105
组织规模与组织成员希望政府实际发挥作用	2.077	14	0.113

第三节　认知度、参与度、服务度与组织成员满意度关系研究

对现有的相关文献进行梳理可以看出，从研究对象来看，现有文献对农业合作组织研究相对较多，对林合组织研究较少。从研究方法来看，现有文献在进行满意度评价和影响因素分析时，多数应用了离散选择模型和描述性统计分析方法（Gray and Kraenzle，1998；肖友利、刘凤，2012；毛文坤等，2012）。应用 Logistic 模型分析的文献有 4 篇（肖友利、刘凤，2012；毛文坤等，2012；季湘铭，2010；牛西平，2011），应用描述性统计分析的有 3 篇（Gray and Kraenzle，1998；Dakurah et al.，2005；Nilsson et al.，2009），应用 Probit 模型分析的有 1 篇（谢启超，2011）。从研究内容来看，现有文献在进行满意度评价或影响因素分析时，既缺乏坚实的理论基础，又缺乏完整系统的分析（戴兴安、张小罗，2010）。针对上述问题，本书拟在研究对象方面，细分农业合作组织，从林合组织角度进行深入分析。在研究方法上，拟应用 AMOS 建立的结构方程模型（Structural Equation Modeling，SEM），对构建的满意度理论模型进行分析。在研究内容上，拟探讨潜在变量（认知度、参与度、服务度、满意度）之间相互关系的影响路径，在此基础上初步构建农户对林合组织满意度影响因素理论模型，探析各变量之间可能的影响机理，以便提出有针对性的政策建议。

一　研究假设

（一）研究假设

1. 认知度

崔凤和赵俊亭（2012）认为，认知度是研究对象对研究内容的知晓率和知晓水平，在一定程度上说，认知度的高低影响并决定满意度的高低。个人对林合组织的认知度可以分为组织认知和权益认知两个维度。具体包括对林合组织的运行状况、经营管理主体、功能作用以

及林合组织在维护农户权益、提高农户收入等问题的知晓情况。研究表明，农户对林合组织在生产经营中所起作用的评价是影响农户参与林合组织的重要影响因素。除少部分人认为现在的合作组织缺少资金外，其他很多人对合作组织面临的问题并不了解，这直接影响到农户参与合作组织的行为（王桂涛等，2011）。一般来说，农民受教育水平低，农村人口素质普遍不高，部分农户不愿意改变现有的生产及生活方式，对林合组织的认知程度较低，他们不愿意参与合作组织，甚至对参与有抵抗情绪，致使合作组织活动的开展比较困难（张静等，2011）。许多农户担心政策多变，尤其是对人民公社时期的做法仍然心有余悸，谈合色变，担心加入林合组织会重新回到人民公社时期的“大集体”老路，个人权益得不到应有的保障，因此，缺乏参与合作组织实现规模经营的热情和信心（兰思仁、郑天汉，2010）。由此可见，农户对合作组织的知晓情况越清楚，其加入合作组织的积极性就越强；农户对合作组织的清楚认识还有助于其积极配合组织开展活动，反过来，这又会提高合作组织发展绩效，增强农户对合作组织的满意度。基于以上分析，提出如下假设：

H3－1：农户对合作组织的认知度正向影响其参与度。

H3－2：农户对合作组织的认知度正向影响其满意度。

2. 服务度

服务度是指服务组织管理及工作人员的服务态度、服务速度及服务质量。合作组织的服务度包括服务种类、服务能力和服务质量三个方面，具体包括合作组织服务项目多少、服务能否满足需要、服务态度、服务提供及时性及组织帮助农户解决问题的能力等方面。近年来，国内外一些学者对服务度如何影响顾客满意度问题进行了广泛研究，他们指出，服务人员的态度和行为会影响到顾客对服务组织的接触满意度。多伦等（Dolen et al.，2001）通过应用实验法，研究了银行、零售企业等组织中的服务人员态度与顾客的消费情感之间的关系，结果表明，在服务消费过程中，服务人员的服务态度、行为和语言都会影响顾客的消费满意度。王登举等（2006）认为，现有的许多林合组织缺乏高素质的管理人才，无法广泛深入地对参与合作组织的人员开展宣传培训；合作组织人员宣传培训等基本服务工作不到位，导致农户和基层干部对农村合作组织认识不清，进而影响到农民的合作意识淡薄，参与合作组织的热情不高。何安华和孔祥智（2009）以浙江丽水市创新竹木专业合作社为例，研究表明，合作社以林权抵押贷款担保为主的服务种类太少，无法满足组织社员对生产资料购买、农产品销售、生产经营信息及技术等服务内容的需要，从而影响到农户对合作组织的需求和参与热情。因此，提出如下假设：

H3－3：合作组织的服务度正向影响农户对合作组织的认知度。

H3－4：合作组织的服务度正向影响农户对合作组织的参与度。

H3－5：合作组织的服务度正向影响农户对合作组织的满意度。

3. 参与度

消费者行为学中的参与度是指消费者对不同产品所付出的精力、时间、金钱的不同，由于这些不同，消费者对不同产品的关注程度就不一样。组织行为学中的参与度是指员工参与。参与效果的情感模型最早起源于“人事关系”管理学派理论。根据员工参与效果的情感模型可知，员工参与可以极大地促进组织信息的流动。员工参与满足其高层次的心理需求，不断提高其更高层次的满意度（Miller and Monge，1986）。李大治和王二平通过实验研究表明，公众广泛参与政策制定过程，可以拥有充分表达自己意见的权利，使政府在决策时可以兼顾不同公众的利益，提高公众对政策的可接受性和满意度（李大治、王二平，2007）。基于以上研究，提出如下假设：

H3－6：合作组织的参与度正向影响农户对合作组织的满意度。

（二）理论模型设定

为了保证量表的内容效度，在充分借鉴现有相关研究成果的基础上，结合林合组织和农户的特征，对每个概念的量表进行设计。在量表设计过程中，广泛征求农业合作组织等相关领域专家意见，对量表进行多次检验和修正。同时，为了使量表中每个题项对被测度概念的表征是最充分和最有效的，本书还对量表进行了试调查，对量表的题项进一步筛选和修改。本书初步确定了理论模型中认识度、参与度、服务度和满意度4个潜在变量及组织认知、权益认知等10个观测变量。除了人口统计变量，本书量表均采用5分制李克特量表，根据被访者对题项的满意程度记分："非常不满意"=1……"非常满意"=5。此外，为了研究不同农户特征对合作组织满意度的影响，量表中还包括人口统计变量，如年龄、性别、文化程度等。

在上述文献回顾和研究假设的基础上，结合SEM基本原理，本书初步构建了林合组织满意度影响因素理论模型（见图3-1）。该模型由结构模型（潜在变量之间关系模型）和测量模型（潜在变量与观测变量之间关系模型）组成。在结构模型中，作为因的潜在变量称为外因潜在变量，以符号ξ表示；作为果的潜在变量称为内因潜在变量，以符号η表示。外因潜在变量对内因潜在变量的解释变异会受到其他变化因素的影响，此影响变化的因素称为干扰潜在变量，以符号ζ表示，ζ是结构模型中的干扰因素或残差值。如图3-1所示的理论模型中，服务度为外因潜在变量，用ξ_1表示；认知度、参与度和满意度为内因潜在变量，分别用η_1、η_2和η_3表示。

由于本书旨在测度各个潜在变量之间的关系，因此，测量模型的回归方程式在此不赘述。图3-1中潜在变量间的回归方程式如下：

$$\begin{aligned}\eta_3 &= \gamma_{31}\xi_1 + \beta_{31}\eta_1 + \beta_{32}\eta_2 + \zeta_3 \\ \eta_2 &= \gamma_{21}\xi_1 + \beta_{21}\eta_1 + \zeta_2 \\ \eta_1 &= \gamma_{11}\xi_1 + \zeta_1\end{aligned} \tag{3-1}$$

式中，β_{21}表示认知度对参与度的影响程度；β_{31}表示认知度对满意度的影响程度；β_{32}表示参与度对满意度的影响程度；γ_{11}、γ_{21}、γ_{31}分别表示外因潜在变量对内因潜在变量η_1、η_2、η_3的影响程度。ζ_3、ζ_2、ζ_1分别是上面三个回归方程式的残差项。

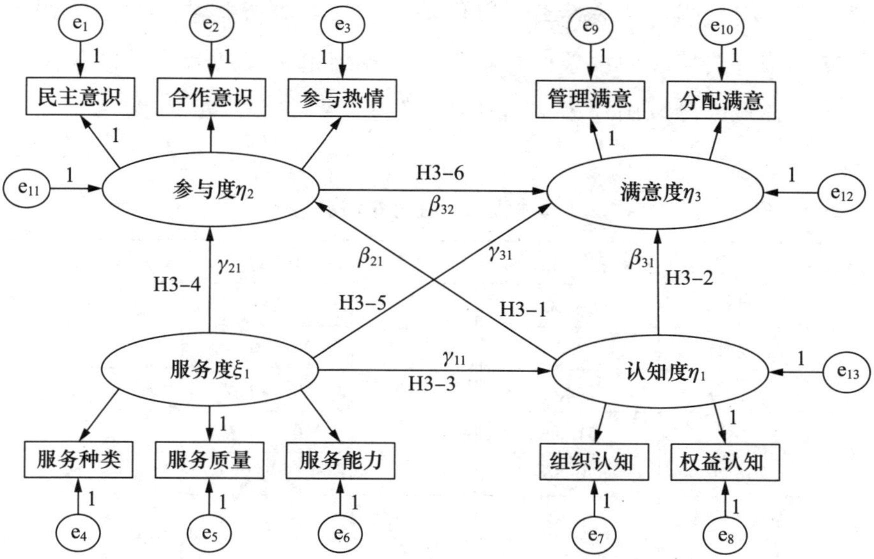

图 3-1 满意度影响因素理论模型

二 研究设计

（一）数据来源

本次问卷（见附录）的调查对象为参加林合组织的农户。为了使调查具有一定的代表性并具有一定的随机性，本书首先从 2011 年国家林业局确定的“首批创建全国农民林业专业合作社示范县”中随机选择云南省的 3 个县（腾冲县、盐津县和云龙县）作为调查范围；然后，从每个县中拥有林合组织的乡（镇）随机选择 3 个作为样本乡（镇）。本次调查地域分布广泛，3 个县分别来自保山、昭通和大理 3 个市（州），且调查具有一定的随机性，基本上能够反映和代表云南省林合组织发展状况。此次调查共发放问卷 270 份，回收问卷 270 份，其中，有效问卷 263 份，问卷回收率和有效问卷率分别为 100% 和 97.41%。

从表 3-17 样本人口特征分布情况可以看出，调查对象的样本分布覆盖范围较广，与云南省农业从业人员基本情况大致相符，且调查对象以文化程度在小学及以下、中青年人为主，男女比例适中。因此，本书研究样本分布较为合理，基本上能够反映农户的真实想法与意愿，具有较强的代表性，可以作进一步深入分析。结合本书的调查区域、调查对象和假设条件，本书的调查结论主要适合于经济欠发达地区、林地成分以山地为主的林合组织。

表 3－17　　　　　样本人口特征分布情况

变量	变量定义	有效百分比（%）	变量	变量定义	有效百分比（%）
性别	男性	67.30	年龄	20 岁	6.84
	女性	32.70		20—30 岁	14.83
文化程度	未上学	12.55		30—40 岁	36.12
	小学	51.33		40—50 岁	25.86
	初中	29.66		50 岁及以上	16.35
	高中（中专）	5.32	是否为村干部	是	3.04
	大专及以上	1.14		否	96.96

（二）信度与效度检验

信度和效度直接影响研究结论的质量，进而对实证分析结果产生重要影响。为了保证研究结论的可信性和有效性，本书同样对量表进行信度和效度分析。

在因素分析中，以内部一致性 α 系数作为各构念或各层面的信度系数，而在 SEM 分析中则以建构信度值作为模型潜在变量的信度系数。另一个与建构信度类似的指标为平均抽取方差（Average Variance Extracted，AVE），AVE 可以直接显示被潜在变量所解释的变异量有多少是来自测量误差。AVE 越大，说明指标变量被潜在变量解释的变异量就越大，相对的测量误差就越小。因此，AVE 是一种收敛效度指标，其值越大，说明量表具有较好的收敛效度（吴明隆，2009）。通过表 3－18 可以清楚地看出，所有潜在变量的建构信度值介于 0.707—0.840，大于评价标准值 0.60；所有潜在变量的 AVE 介于 0.548—0.638，高于评价标准值 0.50。表 3－18 中的指标信度 R^2 值为观测变量的个别项目信度。从表 3－18 可以看出，组织认知等 10 个观测变量的 R^2 值介于 0.508—0.743，均大于 0.5，表示这 10 个观测变量的个别项目信度较佳。由此可见，本书构建的理论模型具有较好的建构信度和收敛效度，这可以初步说明模型的内在质量较佳。另外，表3－18还显示，所有观测变量的因子均通过显著性检验，这说明各个观测变量对其相对应的潜在变量的影响是显著的，没有必要剔除任何观测变量。

表3－18　　　　潜在变量建构效度和收敛效度

潜在变量	观测变量	因子载荷	指标信度 R^2	测量误差	建构信度	平均方差抽取量（AVE）
认知度	组织认知	0.724	0.524	0.524	0.715	0.556
	权益认知	0.767	0.588	0.588		
服务度	服务种类	0.803	0.564	0.564	0.805	0.580
	服务质量	0.751	0.645	0.645		
	服务能力	0.729	0.531	0.531		
参与度	民主意识	0.718	0.516	0.516	0.840	0.638
	合作意识	0.862	0.743	0.743		
	参与热情	0.810	0.656	0.656		
满意度	管理满意	0.713	0.508	0.508	0.707	0.548
	分配满意	0.766	0.587	0.587		

由于建构效度包括收敛效度和区别效度，本书除进行收敛效度分析外，也进行了区别效度检验。区别效度可以将“每个潜在变量的平均抽取方差”值与“潜在变量的相关系数平方”值进行比较检验（Fornell and Larcker，1981）。运用SPSS 18.0软件进行探索性因素分析，可以得到潜在变量间的区别效度（见表3－19）。表3－19中每个潜在变量的平均抽取方差表示为对角线上的数值，潜在变量间相关系数的平方表示为非对角线上的数值。从表3－19可以看出，所有对角线上的数值都大于非对角线上的数值，说明本书测量工具具有较好的区别效度。将表3－18和表3－19结合起来看，本书中测量工具的收敛效度和区别效度都较好，可以做进一步分析。

表 3-19　潜在变量间的区别效度

潜在变量	认知度	服务度	参与度	满意度
认知度	0.556			
服务度	0.410	0.580		
参与度	0.313	0.208	0.638	
满意度	0.146	0.367	0.309	0.548

三　实证分析与结果讨论

（一）理论模型适配度评价

在利用 AMOS 软件进行理论模型检验时，模型无法识别或辨识会导致模型的各个参数无法被顺利地估计出来（吴明隆，2009）。因此，本书首先对理论假设模型进行模型识别判断。通过对预试模型进行自由度分析可以看出，样本元素的数目即样本数据点数目为 55，模型中待估计的参数数目为 26，则模型的自由度值等于55 - 26 = 29，自由度值为正数，估计结果是允许拒绝虚无假设的（假设模型无法与样本数据契合），此种模型识别为过度识别，可以进行模型适配度检验和进一步分析讨论。

（二）模型拟合与检验评价

1. 模型适配度检验

模型适配度指标并不能反映理论模型的好坏，只能反映研究提出的理论模型与收集的实际数据是否一致。通过表 3-20 可以看出，在整体模型适配度的统计量中，χ^2 值为 75.608，显著性概率值 P = 0.000 < 0.05，达到显著水平，拒绝虚无假设，即表示理论模型与实际数据无法契合。由于χ^2 统计量容易受到样本大小的影响，因此，除了χ^2 统计量外，还需要同时参考其他拟合度指标。从表 3-20 中可以看出，χ^2 自由度比值、RMSEA 值、NFI 值和 CFI 值等指标均未达到模型的适配标准。因此，本书提出的研究假设模型（见图 3-1）内在质量虽然不错，但外在质量欠佳，研究假设模型与收集的实际数据契合度不高。在这样的情形下，需要对理论模型图（见图 3-1）进行修正。

表 3-20 整体模型适配度检验

统计检验指标	适配标准或临界值	检验结果数据	模型适配判断
χ^2 值	P>0.05（模型与数据适配）	75.608（P=0.000）	否
χ^2 自由度比值	<2	2.607	否
RMSEA 值	<0.05（良好）	0.064	否
GFI 值	>0.90	0.980	是
NFI 值	>0.90	0.770	否
CFI 值	>0.90	0.833	否

其中，χ^2 自由度比值 =χ^2/自由度 =75.608/29 =2.607；RMSEA 值 = 总体差异/自由度 =1.850/29 =0.064；NFI 值 =1 - （预设模型χ^2 值 ÷ 独立模型χ^2 值） =1 - （75.608 ÷328.730） =0.770。另外，需要说明的是，在测量模型的标准化估计值模型图中，会自动给出χ^2 值、RMSEA 值、GFI 值等参数值。同时，根据模型估计结果给出的适配度摘要表，可以得到绝对适配度指数（如χ^2、RMSEA、GFI）、增值适配度指数（如 NFI）、简约适配度指数（如χ^2 自由度比值）等参数值，用以判断所构建模型的外在质量。然而，一些过去常用的拟合指数，诸如 GFI 和 AGFI，因为不少模拟研究发现，它们的特性都有缺陷，像对样本大小的依赖性高，所以已经很少被使用（陈晓英等，2013）。因此，在判断假设模型与样本数据的拟合情况时，需要综合考虑这些指数。

2. 模型修正

模型参数的修正包括限制路径、删除路径或者释放原来限制的路径，但模型修正时增列的参数关系不能违反 SEM 的假定。结合 AMOS 结果中的修正指标，可以看出，M. I. 最大值是e_6e_8 =24.364，这表示观测变量“权益认知”与观测变量“分配满意”某些题项所测量的特质有一定的相似性，在理论模型中，若将这两个变量释放（即将两个变量设定共变关系），则会使 χ^2 值减少 24.364。经过第一次修正后的模型 χ^2 值为 40.168，显著性概率值P =0.064 >0.05，接受虚无假设。通过其他检验指标可以看出，RMSEA 值 =0.027 <0.05，GFI 值 =0.967 >0.90，NFI 值 =0.964 >0.90，CFI 值 =0.982 >0.90，均达到模型适配标准。这表示第一次修正后的理论模型图与观察数据配合。尽管经过修正后的理论模型图是一个可以接受的路径图，但是，通过观察 AMOS 结果中的修正指标，可以看出，M. I. 的第二大值是 $e_4e_7=10.009$，通过增列误差变量 e_4 和 e_7 间的共变关系，修正后的模型 χ^2 值为 30.159，显著性概率值 $P=0.284>0.05$，接受虚无假设。另外，第二次修正后模型的其他统计量 RMSEA 值 $=0.018<0.05$，GFI 值 $=0.992>0.90$，NFI 值 $=0.973>0.90$，CFI 值 $=0.987>0.90$，均达到模型适配标准，且 GFI 值、NFI 值、CFI 值都比第一次修正后的统计量值有所提高，这反映出第二次修正后的理论模型图与观测数据的适配情形更好。本书后文分析将运用第二次修正后的理论模型。

（三）参数估计

表 3－21 是应用 AMOS 软件以极大似然法估计各回归系数结果及研究假设验证情况。标准化回归系数值是对研究理论模型的基本验证，可以判断潜在变量之间的关系。判断研究理论模型是否成立的依据是标准化回归系数的正负号和各个标准化回归系数对应的显著性检验 T 值。系数为正，反映两个潜在变量之间呈正向影响关系；反之，两个潜在变量之间呈负向关系。标准化回归系数对应的 T 值则说明两个潜在变量之间的关系是否具有统计学意义上的显著性。从表 3－21 可以看出，模型的标准化回归系数值都为正号，且在 0.001 的显著性水平下都非常显著，因此，本书提出的 6 个研究假设都得以验证。

表 3－21　　标准化估计结果及研究假设验证

假设	研究假设路径	标准化系数	T 值	研究结论
H3－1	农户对合作组织的认知度正向影响其参与度	0.384***	5.797	接受
H3－2	农户对合作组织的认知度正向影响其满意度	0.629***	6.986	接受
H3－3	农户对合作组织的服务度正向影响其认知度	0.277***	4.113	接受
H3－4	农户对合作组织的服务度正向影响其参与度	0.165***	6.350	接受
H3－5	农户对合作组织的服务度正向影响其满意度	0.401***	4.827	接受
H3－6	农户对合作组织的参与度正向影响其满意度	0.558***	11.348	接受

注：* 表示 $P<0.05$，** 表示 $P<0.01$，*** 表示 $P<0.001$。

本书提出的理论模型经过修正和验证后，SEM 及估计结果如图3－2所示。

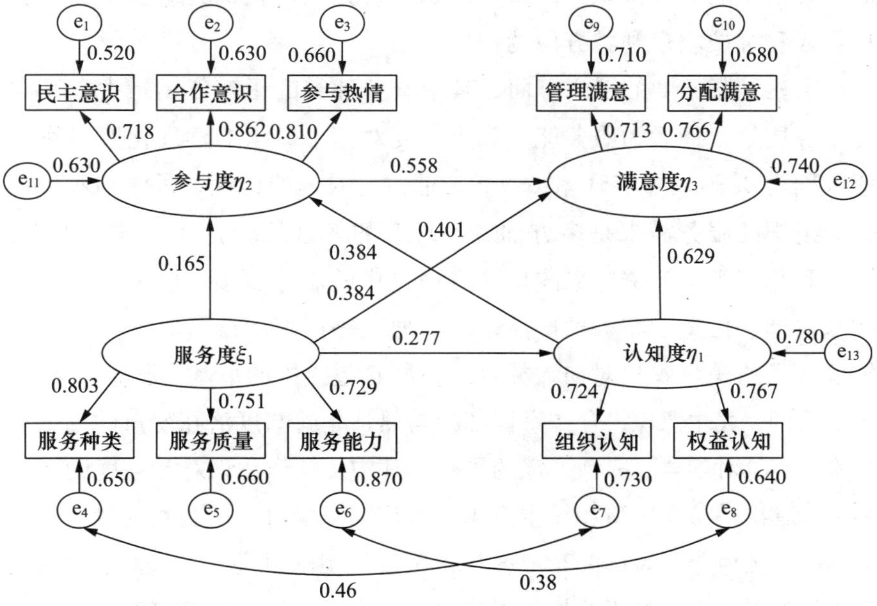

图3－2　修正模型、参数估计结果及影响路径分析

在结构模型中，标准化的回归系数估计结果不仅可以反映变量之间是否具有相关关系及相关的方向，还可以反映变量之间相关关系的强弱程度。标准化回归系数值越大，说明反映一个变量对另外一个变量的影响越大。在测量模型中，标准化系数值表示共同因素（潜在变量）对观测变量的影响，从标准化回归系数值可以看出观测变量在潜在变量中的相对重要性。从表3－21和图3－2的数据分析结果可看出：

第一，农户对合作组织的认知度、服务度和参与度都是农户对合作组织满意度的影响因素。其中，认知度对满意度的影响最大，其标准化回归系数值为0.629；参与度和服务度对满意度也有一定的影响，其标准化回归系数值分别为0.558和0.401。

第二，农户对林合组织的权益认知和组织认知是影响农户认知度的两个主要维度。其中，权益认知在增强农户的认知度方面比组织认知影响稍大，认知度对权益认知和组织认知的直接效果值分别为0.767和0.724。由此可见，要提高农户的认知度，不仅要加强农户对林合组织的基本认识，更重要的是，要让农户认识到组织在提高农户收入和维护农户利益方面的作用。

第三，服务度的三个方面，其中服务种类的影响作用最大，其次是服务质量，最后为服务能力，服务度对三个变量的标准化回归系数值分别为0.803、0.751和0.729。通过对农户的访谈，了解到农户对林合组织的服务需求是多方面的。现有的林合组织在林木种苗供应、农药和化肥等生产资料采购供应方面提供的服务更多，但是，在林业技术咨询、信息发布、林产品运输、加工等产中和产后服务方面明显缺位，无法满足农户对加入林合组织所希望提供的最基本服务需求。

第四，民主意识、合作意识和参与热情是参与度潜在变量的三个测量维度，其对参与度都有一定的影响。其中，合作意识对参与度的影响最大，其次是参与热情和民主意识，参与度变量对三个观测变量的标准化回归系数值分别为0.862、0.810和0.718。由此可见，要提高农户对林合组织的参与度，首要的是要提高农户的合作意识，让更多的农户参与林合组织发展决策，并且提高农户参与组织决策的自觉性。

为了更加直观清楚地了解结构模型中潜在变量之间的直接效应、间接效应以及总效应，将计算结果整理在表3－22中。

表3－22　　潜在变量间直接效应、间接效应和总效应

变量关系	直接效应	间接效应	总效应
认知度→参与度	0.384	—	0.384
认知度→满意度	0.629	0.214	0.843
参与度→满意度	0.558	—	0.558
服务度→满意度	0.401	0.325	0.726
服务度→参与度	0.165	0.106	0.271
服务度→认知度	0.277	—	0.277

注：总效应＝直接效应＋间接效应；间接效应值的大小等于所有直接效应的路径系数相乘所得的积，比如，认知度对满意度的间接效应值＝认知度→参与度的直接效应（0.384）×参与度→满意度的直接效应（0.558）＝0.214。

从表 3－22 中可以看出：

第一，农户的林合组织的认知度对其满意度有着决定性的影响。在其他条件不变的情况下，农户对林合组织的认知度每提高 1 个单位，其对林合组织的满意度就会提高 0.843 个单位。结合表 3－21 可以看出，认知度对满意度之所以影响很大（总效应为 0.843），主要来自认知度对满意度的直接效应很大（0.629）；另外，来自认知度对满意度的间接效应（0.214），其中参与度作为中介变量发挥着一定的作用。这也更加清楚地表明，提高农户的认知度对增强农户对林合组织满意度是非常重要的。

第二，尽管参与度对满意度的直接效应（0.558）高于服务度对满意度的直接效应（0.401），但参与度对满意度的影响没有间接效应，而服务度对满意度的影响可以通过三条间接路径发挥作用，这使得服务度对满意度的总效应（0.726）明显高于参与度对满意度的总效应（0.558）。服务度对满意度影响的三条间接路径为：其一，服务度→认知度→满意度，其中，认知度作为中介变量发挥作用，该路径间接效应为 0.174；其二，服务度→参与度→满意度，其中，参与度作为中介变量发挥作用，该路径间接效应为 0.092；其三，服务度→认知度→参与度→满意度，其中，认识度和参与度都作为中介变量起作用，该路径间接效应为 0.059。

第三，经过认知度作为中介变量发挥间接效应（0.106），服务度对参与度的影响有所增强（总效应达到 0.271），但其影响仍然低于认知度对参与度的影响效果（0.384）。因此，要提高农户对林合组织的参与度，首先是要增强农户对林合组织的认知度。

第四节　组织认同、内部社会资本与合作社成员满意度关系研究

合作社对于促进传统农业向现代农业转变，进一步解放和发展农村生产力具有重要作用。近年来，中国合作社发展迅速，截至 2015

年12月底，全国合作社总数达153.1万家。在合作社迅速发展的同时，有一些至关重要的问题需要思考：现有的合作社是否充分发挥了其应有的功能？农户作为合作社的主体对合作社运行情况是否满意？合作社成员满意度究竟受哪些重要因素的影响？回答这些问题，对了解中国合作社运行情况、进一步提升合作社发展质量至关重要。

以往相关研究大多集中于分析合作社发展的制约因素、农户参与合作社的意愿及其影响因素、合作社成员的异质性及合作社运行绩效等方面（黄祖辉等，2002；张晓山、苑鹏，2010；潘劲，2011），也有一些研究开始关注合作社成员满意度问题。郭红东等（2009）较早地研究了合作社成员满意度的影响因素，并从社员个体和家庭经营特征、社员参加合作社情况、合作社提供服务情况和合作社分配制度四个方面，应用二元 Logistic 模型对成员满意度的影响因素进行了实证分析。牛西平（2011）利用陕西、甘肃和宁夏三省（区）的农户数据，实证分析了合作社成员满意度的影响因素。结果表明，合作社提供服务的种类和频率、组织领头人的素质等因素显著影响成员满意度，而户主文化程度、户主年龄、内部组织结构是否合理等因素对成员满意度影响不大。毛文坤等（2012）使用二元 Logistic 回归模型，对吉林省340个合作社成员的调查数据进行了分析。结果显示，合作社规模扩大、财务不透明、户主文化水平低，则成员满意度下降。谢启超、郑华（2011）认为，户主受教育年限、家庭人均年收入和入股土地数量是影响合作社成员满意度的重要因素。

通过梳理上述文献可以发现，现有相关研究呈现以下两个特征：

第一，相关文献是以农户自身特征或合作社特征为研究视角分析成员满意度的影响因素。其中，农户自身特征主要包括户主年龄、户主文化程度及社员入社年数等指标；合作社特征主要包括合作社成立年数、合作社领导能力、决策是否民主、财务透明情况和合作社规模等指标。然而，通过比较上述影响因素的作用效果可以发现，部分解释变量影响的显著性存在较大差异。以文化程度变量为例，牛西平（2011）认为，该变量对合作社成员满意度影响不显著；谢启超、郑华（2011）认为，文化程度的提高能够显著改善合作社成员满意度；

毛文坤等（2012）认为，文化程度越高，合作社成员对合作社越不满意。除此之外，户主年龄、社员入社年数对合作社成员满意度的影响效果在不同文献中也存在较大差异。研究认为，出现这些差异可能有两个方面的原因：一是现有文献在选择解释变量时缺乏一定的理论依据；二是现有文献在进行实证分析时没有对模型估计结果进行稳健性检验。为了解决部分解释变量对被解释变量影响存在较大差异的问题，本书对主要解释变量进行较为深入的理论分析，并对模型估计结果进行稳健性检验，以保证研究结论相对准确。

第二，相关文献应用二元 Logistic 回归模型进行实证分析。在二元 Logistic 回归模型中，被解释变量“满意度”只能作为二分类变量来处理。本书采用五级李克特量表（“非常不满意” =1，“非常满意” =5，中间以此类推）对成员满意度（被解释变量）进行分析，既能够对满意度变量进行多层级测度，又能够更加客观地反映被调查者的态度。由于成员满意度作为被解释变量采用五级李克特量表来测度，所以，本书可以应用多元回归模型进行计量分析，从而得到相对可靠的研究结论。

此外，有少数学者（廖媛红，2012）分析了社会资本对合作社成员满意度的影响。对于合作社而言，社会资本不仅是提高其经营效率的重要基础，也是完善合作社治理机制的纽带。社会资本理论为合作社研究提供了新的视角，基于该理论的研究也成为近年来合作社理论研究的新趋势（王永龙，2012）。还有一些学者（Pratt，1998）认为，组织认同有助于解释组织成员个体与组织之间的关系。因此，本书将社会资本和组织认同作为主要解释变量引入研究模型，并深入分析它们对成员满意度的影响。

一　研究假设

（一）内部社会资本

任何社会组织都嵌入特定的文化与社会背景中。合作社作为一种社会组织也不例外，它与社会文化存在一种共融共生的关系。因此，在理解合作社发展等相关问题时，可以从社会资本的角度分析各种正式制度和非正式制度与合作社的融合程度（黄岩、陈泽华，2011）。

从社会学和经济学角度来看，社会资本是影响合作社发展、绩效和成员满意度的一个重要变量（徐志刚等，2011）。普特曼等（Putnam et al.，1993）认为，信任、规范及网络等社会资本可以促进人们之间的相互合作，进而提高社会效率。阿德勒和孔（Adler and Kwon，2002）将社会资本分为内部社会资本和外部社会资本。内部社会资本是指组织内部成员之间、组织成员与组织之间的联系。紧密的联系有助于增强组织成员之间、组织成员与组织之间的凝聚力。外部社会资本是指组织可以利用的外部资源，例如组织之间形成的社会关系网络。对于合作社而言，内部社会资本反映了合作社内部的社会网络关系。这种网络关系通过合作社成员的心理和行为变化影响合作社成员的满意度（由卫红等，2011；廖媛红，2012）。因此，本书以内部社会资本为研究视角，分析合作社成员满意度的影响因素。普特曼等（1993）提出的社会资本概念在学术界具有一定的代表性，因此，在分析内部社会资本问题时，主要借鉴普特曼等（1993）提出的社会资本概念，从信任、规范和网络三个维度展开分析。

信任作为社会资本的一个测量指标，被学术界广泛使用（普特曼等，1993；徐志刚等，2011）。因此，本书用内部信任作为衡量内部社会资本的一个重要变量。根据卢曼（Luhmann，1979）的社会系统理论，信任可以分为人际信任和系统信任。人际信任是指组织内成员之间的信任。系统信任是指组织内成员对组织或制度的信任。信任对组织成员满意度的影响具体体现在两个方面：一是人际信任方面。宝贡敏、徐碧祥（2006）认为，组织成员对同事、主管和组织的信任程度显著影响组织成员的满意度。组织内成员间的相互信任不仅可以促进成员间的沟通和交流，而且可以实现组织内部成员之间知识技术等信息的共享（McAllister，1995）。组织成员在相互信任和知识共享的基础上，既可加强彼此之间的感情交流，又可提高组织成员满意度。组织内成员之间的信任不仅能增进组织内成员间的沟通和交流，还能降低合作社的监督成本，成为提升组织成员满意度的重要因素（林钟高等，2009）。二是系统信任方面。Konovsky 和 Pugh（1994）指出，员工对组织的信任不仅可以促进组织成员约束自己的行为，进而减少组织内部矛盾，而且可以促进组织高效率地配置与利用资源。组织内部矛盾的减少和资源利用效率的提高可以显著增强组织成员的满意度。基于以上分析，提出如下假设：

H3－7：组织内部信任程度越高，则成员对合作社的满意度越高。

相比较而言，现有相关文献大多从内部信任角度论证它对组织成员满意度的影响，而从内部规范和社会网络视角展开分析的较少。一般而言，规范包括正式规范和非正式规范。正式规范属于制度性规范，主要是指各级政府颁布的法律法规。随着2007年《农民专业合作社法》的施行，以及许多地方政府制定的合作社配套政策或法规的实施，合作社制度逐步完善。因此，本书在分析内部规范对满意度的影响时不再涉及正式规范，而是直接从非正式规范角度来分析。非正式规范是指人们在长期相互交往和生活中形成的一些组织文化和习俗规则（黄岩、陈泽华，2011）。组织文化不仅有助于形成组织成员的共同价值观，而且有助于增强组织成员对组织的认同感和组织的凝聚力，进而可以提升组织成员的满意度（赵立新，2005）。组织成员对内部规范的认同程度会影响其参与组织活动的积极性。组织成员对组织内部规范越认同，则其公共意识和民主意识越强。强烈的民主意识有助于组织成员积极参与并监督组织建设，提高组织效率，进而提升组织成员的满意度（李冰冰、王曙光，2013）。不仅如此，在合作社发展过程中，组织长期形成的社会规范和道德规范所产生的声誉和惩罚机制不仅会影响组织内部成员之间的合作行为，还会减少组织成员的“搭便车”和投机行为（李冰冰、王曙光，2013）。基于以上分析，提出如下假设：

H3－8：内部规范程度正向影响合作社成员的满意度。

社会网络作为合作社内部社会资本的组成部分，从成员之间社会交往的角度影响合作社成员满意度。企业组织的关系网络分为企业内部关系网络和企业外部关系网络。企业内部关系网络主要包括企业主与员工、员工与员工之间的关系；企业外部关系网络主要包括企业与企业、企业与供应商、企业与客户、企业与政府及社区之间的关系等（秦海霞，2007）。同理，合作社的社会网络也可以分为内部关系网络和外部关系网络。李冰冰、王曙光（2013）指出，农户、家庭之间的联系越广泛和越频繁，农户的行为越容易被网络内的其他农户所察觉。不仅如此，社会网络还会促进成员之间的信息交流和相互学习，使成员在交流过程中获得所需要的信息，进而缩小成员之间在"做事方法、知识结构、惯例"等方面的差异（Jacobides，2006）。Ahuja（2000）也认为，网络成员的紧密联系能够促进知识以最快的速度在成员之间实现共享，不断提升成员之间相互信任水平，进而提高组织成员的满意度。本书从内部关系网络角度分析社会网络对成员满意度的影响。基于以上分析，提出如下假设：

H3－9：合作社内部成员之间社会网络联系越紧密，则成员对合作社满意度越高。

（二）组织认同

组织认同是近年来组织行为学领域的重要研究内容之一。国外一些相关研究表明，组织认同显著影响组织成员的行为。组织成员对组织认同度越高，组织成员的合作意愿就越高（Dukerich et al.，2002；Dick et al.，2004）。增强组织成员的合作意愿有助于提高他们对组织的满意度。廖媛红（2012）认为，合作社成立的时间越长，成员对合作社的认同感和归属感越强，成员对合作社的满意度就越高。Gray 和 Kraenzle（1998）也认为，合作社成员对合作社管理制度和组织体系的满意程度，在很大程度上受合作社成员归属感和组织认同感的影响。上述研究表明，组织认同度高的成员，更容易在行为和观念等方面与组织保持一致，这样可以降低成员与组织之间的交易费用。因此，在对合作社具有较强归属感和组织认同感的情形下，成员对合作社具有较高的满意度。基于以上分析，提出如下假设：

H3－10：成员的组织认同度越高，则其对合作社的满意度也越高。

二　研究设计

（一）变量定义及测量

本书研究所使用的变量分为被解释变量、主要解释变量和控制变量三个层次。在前人使用过并被证明有效的量表的基础上，最终形成本书研究相关变量的量表（见表3－23）。

表 3-23　　合作社成员满意度变量测量指标

观测变量	具体测量指标
民主满意度	一人一票制度、入社退社自由、决策方式民主、尊重农户意愿
服务满意度	服务种类、服务次数、服务质量
分配满意度	收入增长状况、分配制度、收益分配公平状况
管理满意度	财务制度健全与否、信息公开透明状况、与管理层沟通状况、重大决策方式
关系满意度	成员之间合作程度、成员人际关系和谐程度、成员之间相互信任程度

1. 被解释变量

本书实证分析模型中的被解释变量为合作社成员满意度。合作社成员满意度变量测量指标的选择过程包括以下三个步骤：

第一，借鉴郭红东等（2009）和廖媛红（2012）的研究成果，初步筛选出合作社成员满意度变量的 5 个观测变量（见表 3-23）。然后遵循指标的横向与纵向可比性、可操作性和连续性等原则，并结合对合作社一般成员、合作社大户、合作社领导和村干部各类成员的人员访谈结果，初步筛选出 25 项具体测量题项。

第二，分别选取 30 名本科生和 30 个昆明市郊区的农户作为试调查对象，对其进行问卷试调查。经过试调查，删除了 2 个语义相近的题项和 3 个语句晦涩或难以回答的题项。

第三，运用项目分析法对成员满意度总量表及分量表分别进行显著性检验，在此基础上删除了 3 个不显著题项，最终选取 17 个题项作为成员满意度变量的测量指标（见表 3-23）。测量指标包括 5 个选项：1 为“非常不满意”，2 为“不满意”，3 为“一般”，4 为“满意”，5 为“非常满意”。

2. 主要解释变量

借鉴普特曼等（1993）、阿德勒和孔（2002）及赵雪雁（2012）对内部社会资本的研究，本书将内部社会资本分为内部信任、内部规范和社会网络三个维度进行测量。基于宝贡敏、徐碧祥（2006）和赵凌云（2008）对内部信任变量的测度分析，应用3个题项测度内部信任变量，具体包括：一般成员之间的相互信任、一般成员对合作社领导的信任和一般成员对合作社发展前景是否具有信心。内部规范变量主要包括农户加入合作社对其自身思想和行动的影响、成员与其他成员合作的程度两个方面（黄岩、陈泽华，2011；赵雪雁，2012）。借鉴赵凌云（2008）和由卫红等（2011）的研究成果，对社会网络变量的测量指标主要包括农户加入合作社后与其他成员联系的紧密程度和合作社成员对其他成员的帮助、合作社成员受到其他成员的帮助三个方面。借鉴相关研究成果，本书主要从归属感（Patchen，1970；Dick 等，2004）、忠诚度（Patchen，1970；魏钧，2009）和认知度（Dick 等，2004）三个维度来测量组织认同变量。

3. 控制变量

为了重点分析组织认同等主要解释变量对“成员满意度”的影响，本书选取了农户特征和组织特征作为控制变量。农户特征包括受访者年龄、受访者性别、受访者文化程度、是否为核心社员、入社年数、农业收入比重等；组织特征包括合作社是否为大户发起、合作社成立年数、管理制度是否健全等。其中，核心成员的身份根据农户的主要身份或其对合作社的贡献大小来确定。当合作社成员是专业大户或合作社领导时，视其为合作社核心成员；反之，则视其为非核心成员。

本书计量模型中解释变量的定义及编码如表3－24所示。

表3－24　　解释变量定义及编码

变量类型	变量名称	含义或赋值
核心变量	内部信任	完全不赞同＝1，不赞同＝2，一般＝3，赞同＝4，完全赞同＝5
	内部规范	完全不赞同＝1，不赞同＝2，一般＝3，赞同＝4，完全赞同＝5
	社会网络	完全不赞同＝1，不赞同＝2，一般＝3，赞同＝4，完全赞同＝5
	组织认同	完全不赞同＝1，不赞同＝2，一般＝3，赞同＝4，完全赞同＝5

续表

变量类型	变量名称	含义或赋值
农户特征	受访者年龄	20 岁以下 =1，20—30 岁 =2，30—40 岁 =3，40—50 岁 =4，50 岁及以上 =5
	受访者性别	男性 =1，女性 =0
	受访者文化程度	未上过学 =1，小学 =2，初中 =3，高中（中专） =4，大专及以上 =5
	是否为核心成员	核心成员 =1，非核心成员 =0
	入社年数	1 年及以下 =1，2—3 年 =2，4—5 年 =3，6 年及以上 =4
	农业收入比重	家庭农业收入/家庭全部收入；2012 年数据
组织特征	是否为大户发起	大户发起 =1，非大户发起 =0
	合作社成立年数	1 年及以下 =1，2—3 年 =2，4—5 年 =3，6 年及以上 =4
	管理制度是否健全	健全 =1，不健全 =0

（二）数据来源与样本特征

为增强样本的代表性，并考虑调查数据的易获得性，本次调查采用多阶段随机抽样方法。首先，在云南省南部、中部和北部各抽取 1 个县。其次，在每个县随机抽取 3 个有全国农民专业合作社示范社的乡（镇）。最后，在每个乡（镇）随机抽取 30 位合作社成员。经过随机抽样，本次调查选择云南省腾冲县、盐津县和云龙县的合作社作为调查对象，在每个县各发放 90 份问卷，共向合作社成员发放问卷 270 份。剔除信息大量缺失的问卷后，最终共回收有效问卷 263 份，问卷有效率为 97.41%。表 3 – 25 报告了变量的描述性统计特征。

表 3－25　　变量的描述性统计

变量	观测数	均值	标准差	最小值	最大值
成员满意度	263	3.36	0.64	1	5
内部信任	263	3.39	1.14	1	5
内部规范	263	3.78	0.73	1	5
社会网络	263	3.24	0.85	1	5
组织认同	263	4.16	0.66	1	5
受访者年龄	263	3.17	1.47	1	5
受访者性别	263	0.67	0.48	0	1
受访者文化程度	263	2.59	0.83	1	5
是否为核心成员	263	0.15	0.62	0	1
入社年数	263	2.51	0.77	1	4
农业收入比重	263	0.74	3.85	0.14	1
是否为大户发起	263	0.27	0.41	0	1
合作社成立年数	263	3.18	0.93	1	4
管理制度是否健全	263	0.35	0.5	0	1

（三）信度和效度检验

本书对量表进行了信度和效度检验，并且列出了被解释变量和核心解释变量的测量题项、因子载荷和 α 系数（见表 3－26）。结果显示，成员满意度、内部信任、组织认同等变量的 α 系数都在 0.7 以上。由此可知，由各个变量的测量题项所构建的分量表具有较高的内部一致性，说明各分量表的信度较高。通过表 3－26 还可以看出，除“合作社总体发展势头良好”和“加入合作社后我的思想和行动无形中受到影响”两个测量题项的因子载荷略低于 0.6 以外，其他测量题项的因子载荷均高于 0.6，说明由各个变量的测量题项所构建的分量表具有良好的收敛效度。

表 3－26　　量表的信度与收敛效度

变量名称	测量题项	因子载荷	Cronbach's α 系数
成员满意度	服务满意度	0.732	0.840
	分配满意度	0.894	
	民主满意度	0.709	
	管理满意度	0.658	
	关系满意度	0.776	
内部信任	合作社成员大多数值得信任	0.799	0.901
	合作社成员大多数正直可靠	0.826	
	合作社领导具有一定能力	0.855	
	合作社总体发展势头良好	0.562	
内部规范	加入合作社后，我与其他成员的合作加强	0.841	0.747
	加入合作社后，生产和交易时我会考虑其他成员的看法	0.737	
	加入合作社后，在涉及利益时我会从合作社角度考虑	0.763	
	其他成员在做出不利于合作社的事情时我会提出意见	0.803	
	加入合作社后我的思想和行动无形中受到影响	0.574	
社会网络	加入合作社后，我与其他成员来往更加频繁	0.918	0.882
	加入合作社后，我有了更多的朋友	0.842	
	加入合作社后，我参加村集体活动的次数增加	0.647	
	我遇到困难时，合作社其他成员会尽力帮助我	0.835	
	合作社其他成员需要帮助时，我会尽力帮助	0.905	
组织认同	我很喜欢我所在的合作社	0.875	0.816
	作为合作社的一员，我比较自豪	0.881	
	我是合作社重要的一员	0.797	
	我觉得合作社关心我	0.829	
	我非常关心合作社未来的发展	0.655	

限于篇幅，表 3－26 只列出了成员满意度测量题项的因子载荷和 α 系数值，没有详细列出它所包含的服务满意度等 5 个观测变量的测量指标及因子载荷。

三 计量分析与结果讨论

（一）研究方法与计量模型

本书研究中，模型的被解释变量（成员满意度）采用五级李克特量表法进行测度。考虑到本书研究模型的解释变量中存在类别变量，采用阶层回归分析方法（邱皓政，2009）进行分析。此外，为了重点分析内部社会资本和组织认同两个主要解释变量对成员满意度变量影响的显著性，本书对总体样本拟构建三个方程进行回归：方程 1 为仅含有农户特征和组织特征两类控制变量的基准回归方程；方程 2 为加入内部信任、内部规范和社会网络 3 个变量；方程 3 在方程 2 的基础上加入了组织认同这一核心变量。

（二）回归结果与假设讨论

结合前文提出的概念模型和研究假设，采用阶层回归分析方法分别拟合了所构建的 3 个方程。各方程的回归结果见表 3－27。

表 3－27 总体样本回归结果

	解释变量	方程 1	方程 2	方程 3
农户特征（控制变量）	受访者年龄	0.139**	0.141**	0.092**
	受访者性别	0.072	－0.154	－0.102
	受访者文化程度	0.283	0.058	0.063
	是否为核心成员	0.019*	0.316***	0.255***
	入社年数	－0.128**	－0.277***	－0.179***
	农业收入比重	－0.067	0.105	0.108
组织特征（控制变量）	是否为大户发起	0.174*	0.289	0.343
	合作社成立年数	0.195***	0.137**	0.121***
	管理制度是否健全	0.144**	0.158***	0.159***
核心变量	内部信任	—	0.321***	0.328***
	内部规范	—	0.304***	0.239***
	社会网络	—	0.266***	0.270***
	组织认同	—	—	0.115***
R^2		0.067	0.194	0.245
ΔR^2		0	0.127	0.051

续表

	解释变量	方程 1	方程 2	方程 3
ΔF		3.262	18.275	9.064
ΔP		0.004	0.000	0.000

注：***、**和*表示在1%、5%和10%的统计水平下显著。

本书从以下四个方面来讨论表3－27中的回归结果：

第一，仅加入农户特征和组织特征控制变量的回归结果。结果表明，受访者年龄、合作社成立年数和管理制度是否健全3个变量对成员满意度有显著的正向影响，入社年数对成员满意度有显著的负向影响，即在分别控制其他变量的情况下，受访者年龄越大、合作社成立年数越长、合作社管理制度越健全、成员入社年数越短，则成员对合作社的满意度越高。

第二，加入内部信任、内部规范和社会网络3个变量的回归结果。将内部信任等3个变量加入方程后，方程2的解释力较方程1显著增强。从可决系数（R^2）来看，方程的解释力增强，由方程1的0.067增加到方程2的0.194。这说明，内部信任、内部规范和社会网络3个变量加入方程后能够有效地提升方程的解释力。另外，在控制了农户特征、组织特征、内部规范和社会网络变量的影响后，内部信任变量对成员满意度有显著的正向影响，系数为0.321，假设H3－7初步得到了验证；在控制了农户特征、组织特征、内部信任和社会网络变量的影响后，内部规范变量对成员满意度有显著的正向影响，系数为0.304，假设H3－8初步得到了支持；在控制了农户特征、组织特征、内部信任和内部规范变量后，社会网络变量对成员满意度有显著的正向影响，系数为0.266，假设H3－9初步得到了验证。

第三，加入组织认同变量的方程回归结果。在方程2的基础上，方程3中又加入了组织认同变量。相比于方程2，新增加的组织认同变量对方程的解释力增量（ΔR^2）为0.051。这说明，组织认同变量的加入能够有效地提升方程的解释力。方程3的回归结果显示，在控制了农户特征、组织特征和其他核心变量的影响后，内部信任、内部规范、社会网络和组织认同变量对成员满意度有显著的正向影响，系数分别为 0.328、0.239、0.270 和 0.115。因此，H3 -7、H3 -8 和 H3 -9 得到了进一步验证。

第四，控制变量对成员满意度影响的分析。从方程 3 回归结果可以看出，受访者年龄、是否为核心成员、合作社成立年数、管理制度是否健全 4 个控制变量对成员满意度有显著的正向影响，而入社年数对成员满意度有显著的负向影响。上述控制变量的作用主要体现在以下五个方面：①受访者年龄越大，对合作社的满意度也越高。这可能是因为，年龄较小的受访者较少有机会参与合作社民主决策过程，而且他们对合作社的期望往往也更高。②与非核心成员相比，核心成员对合作社的满意度更高。这是因为，核心成员往往能够主导合作社的决策，他们可以利用自身在合作社管理决策中的优势地位，制定有利于自身的规章制度。③合作社成立年数越长，成员对合作社的满意度越高。一般而言，合作社成立年数越长，越能了解其成员的需求。在合作社不断满足成员需求的情况下，成员的满意度得以提升。④健全的管理制度能够显著提升合作社成员的满意度。完善的规章制度有助于合作社提高服务质量，进而可以提升成员满意度。⑤合作社成员入社年数越长，其对合作社的满意度越低。按照正常逻辑，成员入社年数越长，越能体会到合作社的好处。然而，方程 3 的估计结果显示，入社年数对成员满意度有显著的负向影响。这与 Österberg 和 Nilsson（2009）的研究结论一致。Österberg 和 Nilsson（2009）认为，随着入社年数的增加，成员对合作社的组织承诺会降低，进而对合作社理事会成员会更加不信任。同时，入社年数越长，合作社成员对合作社的期望也越高。根据对合作社成员的走访和座谈，笔者发现，入社年数长的合作社成员期望获得更高的收益。当期望和现实存在较大差距时，合作社成员的满意度会不断降低。

（三）稳健性检验

为了检验上述方程估计结果的稳健性，本书采用不同的变量数据处理方法后重新回归方程。

第一，本书运用主成分分析法[①]提取每个核心变量测量题项的主成分，然后将每个核心变量的主成分分值应用到回归方程中，得到第一个稳健性检验回归结果（见表3－28）。对比表3－28和表3－27中的回归结果可以发现，两个表中的回归结果具有较高的一致性。

表3－28　　核心变量采用主成分分析法的回归结果

	解释变量	方程1	方程2	方程3
农户特征	受访者年龄	0.137**	0.135**	0.091**
	受访者性别	0.070	－0.168	－0.097
	受访者文化程度	0.275	0.061	0.061
	是否为核心成员	0.014*	0.319***	0.258***
	入社年数	－0.127**	－0.276***	－0.174***
	农业收入比重	－0.072	0.093	0.103
组织特征	是否为大户发起	0.178	0.285	0.342
	合作社成立年数	0.191***	0.133**	0.126***
	管理制度是否健全	0.142**	0.157***	0.161***
核心变量	内部信任	—	0.318***	0.325***
	内部规范	—	0.292***	0.237***
	社会网络	—	0.269***	0.274***
	组织认同	—	—	0.116*
R^2		0.068	0.187	0.236
ΔR^2		0	0.119	0.049
ΔF		3.328	17.740	9.033
ΔP		0.004	0.000	0.000

注：***、**和*表示在1%、5%和10%的统计水平下显著。

第二，本书利用不同规模组别的样本进行分组回归分析，得到一

① 在进行主成分分析之前，首先，应用KMO检验判断核心变量数据是否适合做主成分分析，经过检验，4个核心变量的KMO值均超过0.8的度量标准，适合做主成分分析；其次，利用碎石图来判断每个核心变量保留的主成分数；再次，用方差最大法对因子载荷矩阵实施正交旋转；最后，写出主成分得分函数，并计算主成分分值。

个稳健的回归结果（见表 3 - 29）。国内一些学者（国鲁来，2005）认为，合作社规模扩大有利于合作社效益增长，进而有利于成员满意度提升。由此可见，合作社规模可能是影响成员满意度的重要因素。因此，本书将合作社规模变量纳入回归方程，以避免可能遗漏该变量导致前文方程估计结果出现偏差。然而，学术界对合作社规模没有统一的界定标准。现有一些文献认为，合作社规模大小可以通过社员数量（国鲁来，2005；唐陆法等，2007）、合作社带动农户能力（唐陆法等，2007）等指标来衡量。综合考虑后，本书采用社员数量来测度合作社规模。借鉴现有相关文献，本书界定合作社成员数量小于 100 人的为“较小规模”，成员数量在 101—300 人的为“中等规模”，成员数量在 301 人及以上的为“较大规模”。采用与表 3 - 27 中方程 3 相同的回归方程和计量方法，本书对较小规模、中等规模和较大规模三组样本分别进行回归，得到稳健性检验结果（见表 3 - 29）。

表 3 - 29　加入合作社规模变量和按组织规模分组的回归结果

	解释变量	加入组织规模变量	组织规模		
			较小规模	中等规模	较大规模
农户特征	受访者年龄	0.086**	0.094**	0.093**	0.088**
	受访者性别	-0.095	0.025	-0.116	-0.134
	受访者文化程度	0.044	0.123	0.062	0.081
	是否为核心成员	0.263***	0.268***	0.247***	0.252***
	入社年数	-0.177***	-0.175***	-0.182***	-0.191***
	农业收入比重	0.116	0.179	0.086	0.094
组织特征	是否为大户发起	0.378	0.201	0.350	0.316
	合作社成立年数	0.117***	0.124***	0.113***	0.096***
	管理制度是否健全	0.158***	0.095	0.151***	0.144***
	合作社规模	0.046	—	—	—
核心变量	内部信任	0.331***	0.327***	0.335***	0.348***
	内部规范	0.225***	0.232***	0.236***	0.227***
	社会网络	0.266***	0.276***	0.281***	0.263
	组织认同	0.109**	0.118**	0.127**	0.125**

续表

	解释变量	加入组织规模变量	组织规模		
			较小规模	中等规模	较大规模
R^2		0.227	0.240	0.269	0.284
F值		21.674	17.843	24.356	28.891
P值		0.000	0.000	0.000	0.000

注：***、**和*表示在1%、5%和10%的统计水平下显著。

对比表3－29与表3－27可以发现，合作社成员满意度主要解释变量的回归结果基本保持不变，本书的研究结论具有较强的稳健性。具体表现为：在控制其他变量影响的情况下，内部信任、内部规范、社会网络和组织认同4个核心变量对被解释变量“成员满意度”有显著的正向影响；受访者年龄、是否为核心成员、合作社成立年数、管理制度是否健全对成员满意度有显著的正向影响，入社年数对成员满意度有显著的负向影响。本书研究结论之所以具有高度的稳健性，是因为合作社规模变量对成员满意度影响不显著，即合作社规模大小与成员满意度高低关系不大。

除此之外，本书还注意到不同分组样本的回归结果之间存在以下差异：第一，在较小规模分组样本的回归结果中，管理制度是否健全变量对成员满意度影响不显著。这是因为，与中等规模和较大规模的合作社相比，较小规模的合作社在内部治理机制和规章制度等方面通常不够规范，导致成员在意见表达、权利实现及收益分配等方面都难以实现自己的期望。第二，在较大规模分组样本的回归结果中，社会网络对成员满意度影响并不显著。

第五节　组织支持感对合作社成员满意度的影响研究

截至2015年年底，全国依法在工商行政部门登记的农民专业合作社有153.1万家，实有入社成员超过10090万户，约占全国农户总数的42%。然而，无论是从服务能力和盈利能力角度来说，还是从合作社治理机制及规范程度来说，我国农民专业合作社与西方发达国家存在较大差距，可以说还处于初级阶段。为了进一步发挥合作社作为现代农业经营组织的优势作用，当前我们需要重点关注合作社成员满意度问题。合作社成员满意度是成员对加入合作社后生活和生产状态的一种评价，不仅影响合作社成员的参与行为，也对其是否履行合作社合同有着较大影响，进而会影响合作社绩效和可持续发展。在系统梳理国内外相关文献的基础上，借鉴组织支持感理论，构建以成员参与为调节变量，组织支持感对合作社成员满意度影响效应的理论模型，并对调查数据进行实证分析，在此基础上提出政策建议。

一　研究假设

（一）组织支持感

埃森伯格等（1986）在社会交换理论和互惠理论的基础上提出了组织支持感（Perceived Organization Support，POS）理论。该理论主要指组织对其成员形成某种整体的支持，包括组织是否重视成员的贡献及福利。Adams（1965）通过社会交换理论进一步解释了组织支持感对组织成员满意度的正向影响作用机制。他认为，人们总是在不断平衡通过社会交换获得与付出的关系，当组织成员感受到来自组织的关心支持超过自己对组织的付出时，成员就会更加满意自己的工作，他会通过努力帮助他人，并且更加认真工作回报组织。罗德斯等（Rhoades et al.，2002）通过研究发现，组织支持感一方面提高了员工的工作满意度，另一方面提升了组织绩效和情感承诺。

合作社作为一种商事组织，其营业活动与其他商事组织没有显著差别（郭富青，2007）。合作社作为一种组织类型，同样存在组织与成员之间基于社会交换理论为基础的相互交往和互惠活动，从这一点来看，合作社与公司没有显著差异。因此，本书将现有应用于公司类型组织的组织支持感理论应用于合作社。综上所述，本书提出如下假设：

H3－11：组织支持感正向影响合作社成员满意度。

埃森伯格等通过研究证实组织支持感只包含情感性支持一个维度，具体包括尊重支持和亲密支持两个方面（Eisenberger et al.，1986）。凌文辁等通过实证研究表明，我国员工的组织支持感的结构维度体现为工作支持、员工价值认同和关心利益三个维度，与西方存在一定的差异（凌文辁等，2006）。陈春花等从工作支持、生活支持和组织文化三个维度对组织支持进行分析（陈春花等，2014）。根据以上学者的观点，结合农民专业合作社的特点，本书对组织支持感主要从情感支持感和生产支持感两个方面展开分析。

合作社对其成员生产方面的支持会在成员心中形成映射，进而增强成员对组织的高感情承诺和较多的组织公民行为。组织和成员之间的相互交往和互惠活动既提高了合作社绩效，也提升了合作社成员满意度。另外，我国合作社成员生理需求和安全需求基本上可以通过外部性条件得以满足，且已经得以满足，而社交需求、尊重需求等需求开始受合作社成员关注。合作社通过让其成员参与决策管理，认同合作社成员价值观或采纳组织成员建议，可以满足成员的尊重需要。合作社成员在感受到更多的组织支持后，更高层次的需求得以满足，他们就有了回馈合作社的动力，进而形成对组织的情感依赖，最终增强组织成员满意度。因此，本书提出如下假设：

H3－11a：成员的情感支持感知正向影响合作社成员满意度。

H3－11b：成员的生产支持感知正向影响合作社成员满意度。

（二）成员参与

民主管理和民主控制是合作社的基本原则，也是合作社的本质规定之一。合作社民主管理和民主控制的主体应当是合作社成员。对于合作社参与度高的成员来说，他们通过积极参与到合作社的日常活动中，能够更频繁地与合作社相互往来，对于合作社的民主管理、重大决策及分配等方面更为了解，因此，参与度高的成员更加清楚地感受到合作社对其成员的关心支持，他们对合作社的满意度也更高；对于参与度低的合作社成员来说，合作社的日常经营和管理活动对于他们来讲是一个“黑匣子”，他们不能有效地与合作社进行沟通和交往，自然也难以感受到来自合作社的组织支持，对合作社的满意度也不会很高。因此本书提出如下假设：

H3 - 12：成员参与对组织支持感与成员满意度之间的关系起到了正向调节作用，随着成员参与度的提高，组织支持感对成员满意度的影响逐渐增强。

由于合作社成员所起作用和扮演角色的不同，成员参与合作社的方式具有多面性。合作社成员的参与方式主要有业务参与、经济参与和管理参与三个维度（Österberg and Nilsson，2009；邵科、徐旭初，2013）。

合作社成员的业务参与主要是指成员作为产品的供应者或购买者（Österberg and Nilsson，2009；邵科、徐旭初，2013）两种方式参与到合作社的经营活动中。合作社只有在一定的规模，才能有效地降低合作社的交易成本，提高合作社的价格谈判优势，进而保证合作社成员获得比非合作社成员更高的收益。塞克斯顿等（Sexton et al.，1998）认为，合作社失败的主要原因之一在于缺乏足够的成员和交易量。因此，合作社成员的业务参与对于合作社实现规模经济和正常运营至关重要。合作社在正常发展的前提下，要提高合作社吸引力和成员满意度，就必须保证一定的成员参与数量（Bruynis et al.，2001）。合作社成员的业务参与越多，就越能分享合作社产品的价格优势，也能享受到更多的合作社服务，在获得分配和收益方面比低业务参与成员更多，由此，高业务参与成员对合作社的满意度更高。通过上述分析，我们提出如下假设：

H3 - 12a - 1：业务参与对情感支持感知与成员满意度的关系起到了显著的正向调节作用。

H3 - 12a - 2：业务参与对生产支持感知与成员满意度的关系起到了显著的正向调节作用。

目前，成员出资不同的合作社在我国大量存在，尤其是处在发展初期的合作社中，少数成员出资较多因而占据较大份额的现象更为普遍。成员出资的差异可能影响合作社的盈余分配和决策权（邵科、徐旭初，2013）。成员出资高的社员对合作社盈余的形成具有更大的贡献，因此，在盈余分配时往往能够得到更多的分红，同时，出资较多的社员在决策权方面也更有优势。因此，成员出资多的社员（高经济参与）与合作社的交易往来更加频繁，在决策分配等经营管理中也更能得到合作社的支持，他们对合作社的满意度也更高。因此，本书提出如下假设：

H3－12b－1：经济参与对情感支持感知与成员满意度的关系起到了显著的正向调节作用。

H3－12b－2：经济参与对生产支持感知与成员满意度的关系起到了显著的正向调节作用。

合作社成员的管理参与主要是指社员通过投票、参与选举、参加社员大会、沟通以及担任合作社理事等各种正式或非正式方式，参与合作社日常经营活动或重大经营决策管理（邵科、徐旭初，2013）。1995 年新修订的国际合作社联盟原则对民主管理原则进行了阐释，即合作社是由社员自主管理的民主组织，合作社的方针政策和重大事项由社员积极参与决定。在基层合作社，社员有平等的选举权（一人一票），通过选举产生的代表都须对社员负责。Österberg 等（2009）认为，如果允许合作社成员参与民主管理，他们就会忠诚于合作社，对合作社理事会也会更加信任，对合作社的满意度也会更高。因此，本书提出如下假设：

H3－12c－1：管理参与对情感支持感知与成员满意度的关系起到了显著的正向调节作用。

H3－12c－2：管理参与对生产支持感知与成员满意度的关系起到了显著的正向调节作用。

二　研究设计

（一）数据来源

本书数据来源于课题组成员及大学生假期对我国福建省、浙江省、云南省和贵州省 4 个省份农民专业合作社的成员调查。本书采用分层随机抽样方法，从我国东西部地区各选择两个省份，每个省份选择两个县，每个县选择两个乡（镇），每个乡（镇）抽取 3—5 个合作社作为研究样本。本次调查共发放问卷 439 份，最后获得有效问卷 387 份。其中，福建省 85 份，浙江省 96 份，云南省 117 份，贵州省

89份。与西部地区的云南省、贵州省相比，福建省、浙江省的合作社发展规模更大和发展质量更高，因此，本书选取4个省份作为调查样本，能够较为全面地反映和分析我国合作社成员满意度问题。

（二）变量测量

1. 成员满意度

借鉴郭红东等、徐旭初、廖媛红等相关文献的研究成果，初步筛选出合作社成员满意度的5个观测变量，主要包括民主满意度、服务满意度、分配满意度、管理满意度和关系满意度。通过人员访谈、试调查以及项目分析法，对总量表以及5个观测变量形成的分量表分别进行了显著性检验，删除了不显著题项后，最终选取了17题项作为成员满意度变量测量指标（见表3－30）。

表3－30　　合作社成员满意度变量测度指标

观测变量	具体测量指标
民主满意度	一人一票制度、入社退社自由、决策方式民主、尊重农户意愿
服务满意度	服务种类、服务次数、服务质量
分配满意度	收入增长提高状况、分配制度健全与否、收益分配公平状况
管理满意度	财务制度健全与否、信息公开透明状况、与管理层沟通状况、重大决策方式合理
关系满意度	合作社内部人心齐、成员人际关系和谐、成员之间相互信任

2. 组织支持感

在组织支持感测量方面，国内外相关研究广泛借鉴的是埃森伯格等（1986）开发的组织支持感问卷（Survey of Perceived Organizational Support，SPOS），该问卷由36个项目组成。国内学者凌文辁等（2006）结合中国企业实际编制了组织支持感问卷，并进行了预试、项目分析、信度和效度检验，结果显示，该问卷具有较高的信度和结构效度。因此，本书是在借鉴国外学者埃森伯格等（1986）和国内学者凌文辁等（2006）编制的组织支持感量表基础上，结合合作社的特点，对上述两个量表的测量题项进行了适当的修改，尤其是在语句表述方面考虑了合作社及其成员的特征，形成了本书的组织支持感量表（见表3－31）。

表3－31　　组织支持感量表的信度和效度分析结果

测量题项	因子载荷	
	情感支持	生产支持
生活中遇到问题合作社能给予帮助	0.886	0.173
合作社能够考虑社员应得分配利益	0.785	0.262
合作社会给我特别帮助[a]	0.447	0.321
合作社很少关心我（R）	0.776	0.249
合作社关心我的生活状态	0.854	0.366
生产中遇到困难，容易从合作社获得帮助	0.243	0.768
合作社认同我的工作目标价值观	0.182	0.671
合作社做决策时考虑社员利益	0.437	0.878
合作社重视我的建议	0.301	0.860
合作社在意社员生产中的满意度	0.255	0.899
α系数	0.817	0.864

注：因子提取采用主成分分析法；因子旋转方式为正交旋转方差最大法；（R）表示该题项为反向表述的题目；a表示该题项经过违反区别效度予以剔除。

表3－31中，合作社会给我特别帮助无论与情感支持因子，还是与生产支持因子所对应的载荷都小于0.5，违背了区别效度。因此，本书在后续的研究中将合作社会给我特别帮助题项去掉。除此以外，用于测度情感支持的4个题项和测度生产支持的5个题项的因子载荷都高于0.63，即说明该测量题项可以解释观测变量40%的变异量，说明本书构建的量表都具有较好的收敛效度。由于两个变量的题项来源于以前学者的研究，因此量表具有内容效度。根据表中α系数可以看出，情感支持和生产支持两个变量的α系数都在0.7以上，具有较高内部一致性，变量信度较高。

3. 成员参与

在参考邵科和徐旭初等文献的基础上，本书编制出成员参与量表

（见表3－32）。该量表包括三个维度共11个测量题项，其中，业务参与4个题项，经济参与3个题项，管理参与4个题项。表3－32显示，各个变量所对应题项的因子载荷系数都高于0.63，说明成员参与量表具有较好的收敛效度。表3－32还显示，“业务参与”等三个变量的α系数都在0.7以上，具有较高的内部一致性，变量信度较高。

表3－32　　　　成员参与量表的信度和效度分析结果

测量题项	因子载荷		
	业务参与	经济参与	管理参与
加入合作社后我经常把生产产品卖给合作社	0.843	0.303	0.058
加入合作社后我经常从合作社购买生产资料	0.768	0.085	0.325
合作社经常给我提供信息或技术等生产服务	0.682	0.430	0.146
如果合作社开展生产技术培训我会积极参加	0.749	0.354	0.088
我愿意向合作社增加投资比重	0.328	0.741	0.102
我会建议合作社其他成员增加投资	0.075	0.667	0.347
与大部分成员相比我在合作社入股偏少	0.163	0.865	0.116
我会经常参加合作社大会	0.359	0.128	0.752
我会积极参加合作社选举活动	0.218	0.207	0.826
在合作社讨论重大事项时我会积极发言	0.315	0.153	0.694
对合作社运营有想法时会积极和合作社沟通	0.059	0.349	0.641
α系数	0.773	0.749	0.851

注：因子提取采用主成分分析法；因子旋转方式为正交旋转方差最大法。

4. 控制变量

本书在建模和实证分析时还选取了年龄、文化程度和社龄三个辅助变量作为控制变量。

本书除控制变量以外，其他量表均采用李克特五级量表法，从“完全不赞同”（给予1点“评点”）到“完全赞同”（给予5点“评点”）。

三　数据分析

（一）变量基本情况分析

各变量的均值、标准差和相关系数见表3－33。通过表3－33可以看出，成员满意度与情感支持（r＝0.62，P＜0.001）、生产支持（r＝0.71，P＜0.001）、业务参与（r＝0.67，P＜0.001）、管理参与（r＝0.56，P＜0.001）显著正相关，与社龄显著负相关（r＝－0.59，P＜0.001）。业务参与和情感支持（r＝0.43，P＜0.01）、生产支持（r＝0.64，P＜0.001）显著正相关。经济参与和情感支持（r＝0.37，P＜0.01）、生产支持（r＝0.44，P＜0.01）以及业务参与（r＝0.35，P＜0.01）存在正相关关系。管理参与和情感支持（r＝0.51，P＜0.01）、生产支持（r＝0.56，P＜0.01）、业务参与（r＝0.48，P＜0.01）及经济参与（r＝0.42，P＜0.01）存在显著正相关。

表3－33　　各变量均值、标准差和相关系数

变量	1	2	3	4	5	6	7	8	9
1. 成员满意度	1								
2. 情感支持	0.62***	1							
3. 生产支持	0.71***	0.25*	1						
4. 业务参与	0.67***	0.43**	0.64***	1					
5. 经济参与	0.19	0.37**	0.44**	0.35**	1				
6. 管理参与	0.56***	0.51***	0.56***	0.48**	0.42**	1			
7. 年龄	0.11	－0.06	0.13	0.27*	0.07	－0.08	1		
8. 文化程度	0.08	0.04	0.10	0.05	0.12	0.06	0.29*	1	
9. 社龄	－0.59***	0.28*	0.32**	0.04	0.07	0.14	0.05	0.03	1
均值	3.26	3.58	4.39	4.07	3.19	3.45	3.19	2.42	2.19
标准差	0.71	1.03	0.50	0.63	0.66	0.87	1.24	0.74	0.86

注：*表示P＜0.05；**表示P＜0.01；***表示P＜0.001。

（二）阶层回归分析

本书采用阶层回归分析法，分四个步骤对调节变量及其交互效应进行检验。具体过程及参数估计结果见表3－34。

表 3-34　　调节变量的阶层回归分析结果

	成员满意度							
	M1	M2	M3	M4	M5	M6	M7	M8
控制变量								
年龄	0.039	0.064	0.028	0.022	0.039	0.025	0.043	0.036
文化程度	0.057	0.081	0.019	0.017	0.057	0.034	0.078	0.084
社龄	-0.193*	-0.162*	-0.240*	-0.245*	-0.193*	-0.149*	-0.258*	-0.181*
自变量								
情感支持		0.229*	0.183*	0.186*				
生产支持						0.303**	0.206*	0.295**
调节变量								
业务参与			0.216*	0.205*			0.233*	0.194*
经济参与			0.102	0.096			0.179*	0.103
管理参与			0.340***	0.367***			0.228*	0.241*
交互作用								
情感支持×业务参与				0.093				
情感支持×经济参与				0.055				
情感支持×管理参与				0.279**				
生产支持×业务参与								0.552***
生产支持×经济参与								0.060
生产支持×管理参与								0.237**
R^2	0.036	0.154	0.228	0.366	0.036	0.142	0.237	0.385
ΔR^2		0.118	0.074	0.138		0.106	0.095	0.148
F	2.802*	7.638***	9.239***	7.802***	2.802*	6.802***	6.194***	9.675***

注：*表示 $P<0.05$；**表示 $P<0.01$；***表示 $P<0.001$。

首先，我们分析成员参与、情感支持与成员满意度变量之间的关系。结果显示，模型 M1 的 $R^2=0.036$，F 值为 2.802（$P<0.05$），回归方程显著。在基准模型 M1 的基础上，模型 M2 加入情感支持自变量，解释增量为 $\Delta R^2=0.118$，F 值为 7.638（$P<0.001$），模型 M2 的解释力较模型 M1 增强，其中情感支持对成员满意度正向影响显著

（$\beta=0.229$，$P<0.05$）。在模型 M2 的基础上，模型 M3 又加入调节变量，回归分析结果显示，模型 M3 的 $R^2=0.228$，解释增量 $\Delta R^2=0.074$，F 值为 9.239（$P<0.001$），回归方程 M3 显著，其中情感支持对成员满意度正向影响显著（$\beta=0.183$，$P<0.05$），业务参与（$\beta=0.216$，$P<0.05$）和管理参与（$\beta=0.340$，$P<0.001$）对成员满意度均正向影响显著，但经济参与未达显著水平。为了检验调节变量的交互效应，模型 M4 将交互项加入，回归结果显示，模型 M4 的 $R^2=0.366$，解释增量为 $\Delta R^2=0.138$，F 值为 7.802（$P<0.001$），模型总体达到显著水平，而且管理参与对情感支持与成员满意度之间的关系起到了显著的正向调节作用（$\beta=0.279$，$P<0.01$），H3－2c－1得以支持，但 H3－12a－1 和 H3－12b－1 未获支持。综合考量模型 M2、模型 M3 和模型 M4 的回归分析结果，可以看出，情感支持对成员满意度正向影响均显著，H3－11a 成立。

其次，我们分析成员参与、生产支持与成员满意度三个变量之间的关系。模型 M5 和模型 M1 的回归分析结果一致，这里不再赘述。模型 M6 在模型 M5 的基础上加入了生产支持自变量，结果显示，模型 M6 解释增量为 $\Delta R^2=0.106$，解释力较模型 M5 增强，其中生产支持对成员满意度正向影响显著（$\beta=0.303$，$P<0.01$）。在模型 M6 中再加入成员参与调节变量，形成模型 M7，结果表明，模型 M7 对成员满意度的解释力进一步增强（$\Delta R^2=0.095$），除生产支持变量（$\beta=0.206$，$P<0.05$）以外，业务参与（$\beta=0.233$，$P<0.05$）、经济参与（$\beta=0.179$，$P<0.05$）和管理参与（$\beta=0.228$，$P<0.05$）对成员满意度均正向影响显著。模型 M8 在模型 7 的基础上加入了交互项，结果显示，模型 M8 的 $R^2=0.385$，解释增量为 $\Delta R^2=0.148$，F 值为 9.675（$P<0.001$），回归方程显著，对因变量的解释力显著增强。模型 M8 的回归分析结果表明，业务参与（$\beta=0.552$，$P<0.001$）和管理参与（$\beta=0.237$，$P<0.05$）对生产支持与成员满意度的正向调节作用显著，H3－12a－2 和 H3－12c－2得以支持，H3－12b－2 未获支持。综合考虑模型 M6、

模型 M7 和模型 M8 的回归分析结果可以看出，生产支持对成员满意度均具有显著的正向影响，H3 - 11b 成立。

最后，对 M1—M8 这 8 个模型的阶层回归分析结果进行综合分析，可以看出，H3 - 11a 和 H3 - 11b 均得以支持，即情感支持和生产支持对成员满意度均具有显著正向影响。因此，组织支持感对成员满意度正向影响显著，H3 - 1 得以支持。M1—M8 这 8 个模型的回归分析结果还显示，业务参与、经济参与和管理参与作为调节变量对组织支持感与成员满意度关系的调节效应部分得以支持，比如，H3 - 12c - 1、H3 - 12a - 2 和 H3 - 12c - 2 成立，而其他调节效应如 H3 - 12a - 1、H3 - 12b - 1 和 H3 - 12b - 2 不成立。因此，H3 - 12 部分得以支持，部分未获支持。

为了更加清楚地反映调节变量效应，本书绘制出成员参与变量的调节效应图。本书将成员参与变量的三个测度变量（业务参与、经济参与和管理参与）以及组织支持感的两个测度变量（情感支持和生产支持）分别分为高低两组。部分显著调节效应如图 3 - 3 和图 3 - 4 所示。

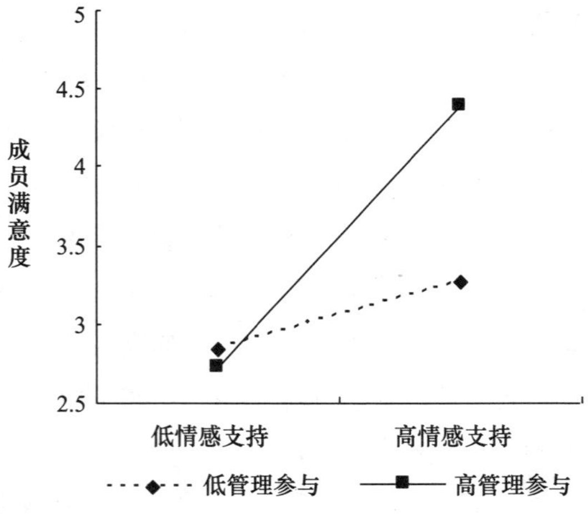

图 3 - 3　管理参与对情感支持和成员满意度关系调节作用

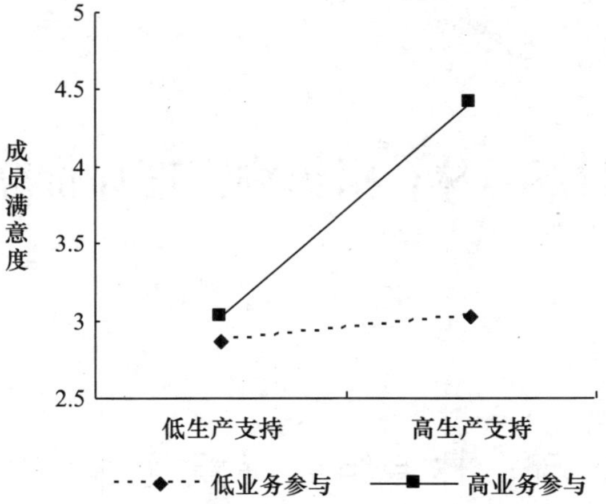

图 3-4　业务参与对生产支持和成员满意度关系调节作用

图 3-3 显示，对于情感支持与成员满意度之间的显著正向关系，管理参与起到了显著的正向调节作用。高管理参与成员随着情感支持的提高，其对合作社的满意度也提高；低管理参与的成员随着情感支持的增加，其对合作社的满意度也提高，但总体上低于高管理参与的员工。

从图 3-4 可以看出，业务参与对生产支持与成员满意度之间的显著正向关系起到了正向调节作用，即调节变量对主效应起到增强作用。高业务参与成员随着生产支持感的增强，其对合作社的满意度也提高，而低业务参与成员随着生产支持感的增强，其对合作社满意度没有显著提高。这说明，在高业务参与的情况下，生产支持对成员满意度的影响显著，而在低业务参与的情况下，生产支持对成员满意度的影响较小。

第四章　林合组织满意度评价分析

第一节　林合组织满意度评价指标体系构建与评价方法

一　评价指标选择原则

在实际评价活动中，并非是评价指标越多越好，但也不是越少越好。一般原则是以尽量少的“主要”评价指标用于实际问题的评价。评价指标选择的数量和质量直接影响到整个评价指标体系的完整性和科学性，进而会影响评价结果的准确性。因此，构建林合组织满意度评价指标体系的第一项重要工作就是遴选恰当数量的指标。在选择指标时，本书主要遵循以下原则。

（一）指标全面性原则

指标的全面性是评价指标体系科学性的基础，也是评价结果准确性的前提。林合组织满意度评价体系是一个较为复杂的体系，构建该体系必须顾及林合组织满意度影响因素的各个方面，以便从不同角度进行分类比较和综合评价。在构建评价指标体系时，不仅应当选择目前可以收集到数据的指标，还应当选择一些虽然目前没有办法收集到相关数据，但是，将来条件成熟后有可能采集到数据的一些重要性指标。这些能够较好地反映林合组织满意度的重要性指标对于形成完整的评价体系非常重要，如果不包括这些指标，就无法充分反映林合组织满意度。

（二）指标适中性原则

尽管林合组织满意度评价体系较为复杂，需要具有一定的系统性和完整性，但这并不意味着在建立评价指标体系时面面俱到。在选择指标时，必须能够抓住那些能够反映出林合组织满意度评价内容和本质特征的重要指标。指标体系如果过大，层次和指标过多，会使统计数据收集较为困难，如果用间接数据或其他数据替代又会造成很大的偏差，进而使评价体系的注意力既不能体现整体，又影响评价结论的科学性；如果指标体系过小，指标过少，就不能全面、系统地反映所要评价对象的本质。

（三）指标可比性原则

评价指标体系的构建必须注重指标的可比性。评价指标体系中同一层次的指标，应当满足可比性原则，即具有相同的计量范围、计量口径和计量方法。评价指标应尽量采用相对数、比率和平均数。这样，使评价指标既反映实际情况，又便于比较优劣。同时，指标还要求不同调查样本都能够收集到评价指标体系中所有指标的数据，这样，才便于样本调查数据的汇总与分析。

（四）指标可操作原则

指标可操作性要求指标的含义便于理解，指标的数据便于收集，便于处理。具体而言，体现在三个方面。第一，指标含义必须明确，不能模棱两可。含义含混不清的指标容易产生分歧，在数据收集时，也由于理解的差异而造成数据收集的口径不一致。第二，指标数据便于收集。一般而言，尽可能地利用现成的统计资料，这样，既可以大大减少工作量，又可以对指标数据进行动态的、长期的收集，便于动态比较。

二　评价指标体系构建

（一）基于农户视角的林合组织满意度评价指标体系

基于对相关文献、林合组织相关政策文件的检索和分析，初步筛选出林合组织满意度（一级指标）的二级指标和三级指标。二级指标主要包括民主满意度、服务满意度、分配满意度、管理满意度和关系满意度五个方面。结合指标选择的可操作性、横向与纵向的可比性、适中性、系统性、连续性等原则，通过向林合组织成员、林合组织领导、林业合作大户、村干部、相关林业干部等56人发放问卷并采取人员访谈的方式，筛选出25项三级指标。在此基础上，对问卷进行试调查，选取30名本科生和30个昆明市郊区的农户作为预调查对象，以发现问卷题项是否存在难以理解或前后顺序安排不合理等问题。经过试调查，删除了两项语义相近的题项，修正了3项语句晦涩或者难以回答的题项。最后，运用项目分析法对问卷进行显著性检验，删除了3个不显著的题项，最终选取17项三级指标（见表4-1）。

表4-1　林合组织成员满意度评价指标体系

二级指标	三级指标及其代码
民主满意度	一人一票制度（D1）、入社退社自由（D2）、决策方式民主（D3）、尊重农户意愿（D4）
服务满意度	服务种类（S1）、服务次数（S2）、服务质量（S3）
分配满意度	收入增长提高状况（A1）、分配制度健全与否（A2）、收益分配公平状况（A3）
管理满意度	财务制度健全与否（G1）、信息公开透明状况（G2）、与管理层沟通状况（G3）、重大决策方式合理（G4）
关系满意度	合作社内部人心齐（R1）、成员人际关系和谐（R2）、成员之间相互信任（R3）

（二）基于利益相关者视角的林合组织满意度评价指标体系

基于对相关文献的检索分析，初步筛选出27项相关指标。通过向林业管理者、林合组织成员、林合组织领导、农户大户等121人发放问卷进行访谈对指标进行补充完善，再由6名专家组成评估组对各项指标进行筛选，最后运用项目分析法对问卷进行显著性检验，删除7项不显著指标，最终选取20项指标（见表4-2）。

三　满意度评价方法及原理

目前，国内外对林合组织满意度的研究较少，尚未形成系统科学的评价方法。林合组织满意度指标具有较强的模糊性，如果用层次分析法（AHP）、因子分析法等评价方法进行测度，既存在一定的模糊

表 4－2　　林合组织利益相关者满意度评价指标体系

目标层 A	准则层 B	指标层 M
林合组织利益相关者满意度（U）	管理者（U_1）	林合组织经济发展状况（U_{11}）
		林业产业结构优化状况（U_{12}）
		国家政策满意度（U_{13}）
		林改确权状况（U_{14}）
	村委会（U_2）	森林资源管理状况（U_{21}）
		营林收益状况（U_{22}）
		现行政策满意度（U_{23}）
		引导监督状况（U_{24}）
	加入林合组织的农户（U_3）	林业收入增长状况（U_{31}）
		民主满意度（U_{32}）
		服务满意度（U_{33}）
		组织管理满意度（U_{34}）
	未加入林合组织的农户（U_4）	涉林收入状况（U_{41}）
		政策认知度（U_{42}）
		林合组织认知度（U_{43}）
		加入林合组织意愿（U_{44}）
	林合组织的领导（U_5）	组织运营状况（U_{51}）
		现行政策满意度（U_{52}）
		政府资金扶持满意度（U_{53}）
		抗风险能力满意度（U_{54}）

程度，也难以精确地对林合组织满意度进行测度。多层次模糊综合评价方法能够模仿人的思维和处理问题的过程，在处理多因素、不确定、定性和信息不完全方面的问题具有一定的优势。因此，本书拟引入模糊数学理论，应用多层次模糊综合评价方法对林合组织满意度进行评价。

多层次模糊综合评价涉及指标层次较多，考虑到本书满意度评价指标主要分为两个层次，在此仅阐述两层次模糊综合评价过程。两层次模糊综合评价的具体步骤如下（Lascio et al.，2002；Sadiq et al.，2004）：

首先，确定满意度评价指标集：林合组织满意度评价指标集合，$U = U_i(i=1, 2, 3, 4, 5)$，U_i 是第一层次指标，每一个 U_i 又是由几个更低一级的指标组成，表示为 $U_i = U_{ij}$（$j=1, 2, 3, \cdots$）。

其次，确定评价集并构建模糊评价矩阵：满意度评价集由 V 表示，模糊综合评价矩阵由 R 表示。令 $V = (v_1, v_2, v_3, v_4, v_5)$（非常满意、比较满意、一般、不太满意和非常不满意）。

利用调查数据结果，计算得到评价集中第 K 个元素的隶属度 v_k，其中，v_k = 评价对象的评价指标 U_{ij}/每个评价指标对应的应答人数。对每一个指标 U_i 做出相应评价，得到其评价值为 $f(U_{ij})$，从而得到 U 到 V 的模糊映射 f，即：

$$u_i \to f(u_i) = (r_{i1}, r_{i2}, \cdots, r_{ij}) \in F(V)$$

式中，$F(V)$ 是 V 的模糊集合全体。根据模糊变换的定义，确定模糊评价矩阵 R：

$$R_i = \begin{bmatrix} r_{11} & r_{12} & r_{13} & \cdots & r_{1k} \\ r_{21} & r_{22} & r_{23} & \cdots & r_{2k} \\ r_{31} & r_{32} & r_{33} & \cdots & r_{3k} \\ \cdots & \cdots & \cdots & \cdots & \cdots \\ r_{j1} & r_{j2} & r_{j3} & \cdots & r_{jk} \end{bmatrix}$$

最后，分别确定各指标的模糊综合评价集，并进行单个指标评价；利用模糊评价矩阵和指标权重构建第一层次模糊综合评价集，它是利用三级指标形成，该层次模糊综合评价集为：

$$B_i = w_i \circ R_j = b_{ik} = (b_{i1}, b_{i2}, b_{i3}, b_{i4}, b_{i5})$$

式中，w_i 表示下一层次各子指标的权重，b_{ik}表示指标的子指标对评价集中第 k 种评价的隶属度，“$\circ$”表示模糊合成算子。

第二层次的模糊综合评价集为：

$$B = W \circ B_i = (w_1 \quad w_2 \quad w_3 \quad w_4 \quad w_5) \circ \begin{bmatrix} b_{11} & b_{12} & b_{13} & b_{14} & b_{15} \\ b_{21} & b_{22} & b_{23} & b_{24} & b_{25} \\ b_{31} & b_{32} & b_{33} & b_{34} & b_{35} \\ b_{41} & b_{42} & b_{43} & b_{44} & b_{45} \\ b_{51} & b_{52} & b_{53} & b_{54} & b_{55} \end{bmatrix}$$

式中，W 表示二级指标的权重，“。”表示模糊合成算子。

最后，确定评价对象结果，进行综合评价。模糊综合评价中主要有四种算子，分别是 M(∧，∨)、M(·，∨)、M(∧，⊕)和 M(·，⊕)。根据算子的不同，有四种不同的评价方法。M(∧，∨)、M(·，∨)和 M(∧，⊕)三种算子比较粗糙，在体现权数作用、综合程度、R 信息利用充分与否等方面均存在一些不足，且主要适用于重点考虑主要因素的综合评价；M（·，⊕）算子不会丢失信息，兼顾了所有因素，且能较好地体现权数作用，主要适用于兼顾考虑整体因素的综合评价（赵涛，2006；李士勇，2004）。综合考虑 M（·，⊕）算子的优点和适用范围，本书在分别以农户和利益相关者为主体进行满意度综合评价时采用 M（·，⊕）进行模糊综合评价。

模糊综合评价主要有最大隶属度原则法、加权平均原则法和模糊向量单值化法。加权平均值法不仅能够将模糊向量变成白化值，提高评价的准确性，还能够对多个评价值进行排序，因而加权平均值法有着更为广泛的应用（李建平等，2013）。因此，本书采用加权平均值法计算综合评价值。

在模糊综合评价过程中，评价指标权重的赋予对于评价结果的准确性至关重要。在进行以农户为主体的满意度综合评价时，应用 AMOS软件，先构建林合组织满意度理论模型，然后利用调查数据对该模型进行估计，接着将参数估计值（因素载荷量）进行归一化处理，最后得到各级指标的权重。在进行以利益相关者为主体的满意度综合评价时，将 G1 法与熵值法相结合得到林合组织利益相关者各自的权重；然后，利用两者相结合的组合赋权法，计算得到每个指标的综合权重 ω_{ij}。

第二节　林合组织满意度评价实证分析

一　基于农户视角的林合组织满意度评价

为了进一步解放和发展林业生产力，促进传统林业向现代林业转变，增加农民收入，建设生态文明，中共中央、国务院于2008年提出《关于全面推进集体林权制度改革的意见》（以下简称《意见》）。《意见》指出："扶持发展林业专业合作组织，培育一批辐射面广、带动力强的龙头企业，促进林业规模化、标准化、集约化经营。发展林业专业协会，充分发挥政策咨询、信息服务、科技推广、行业自律等作用。"2013年"中央一号文件"指出，要"培育农业经营性服务组织，支持农民合作社等为农业生产经营提供低成本、便利化、全方位的服务，发挥经营性服务组织的生力军作用"。在中央和地方政府的重视引导下，近年来，我国的林合组织迅速发展起来，然而，我国的林合组织是否充分发挥其作用？农户对林合组织的运行满意度如何？当前我国林合组织能否满足农户需求？这些问题都值得学术界和实践界认真思考研究。基于此，本书希望探讨分析农户对当前林合组织运行的满意度，以便进一步推动我国林合组织发展，充分发挥其应有的作用。

近年来，学术界开始关注林合组织的研究，但与对农民合作经济组织研究较多的情况相比，国内学者对林合组织的研究偏少。尽管林合组织从大的方面属于农业合作经济组织，但是，林业与农业在生产周期、火灾发生率、土地产权改革进展程度等方面存在一定的差异，这也使林合组织与农业合作经济组织表现出不同的特点，因此，有必要对其进行单独分析（孔祥智等，2008）。另外，近年来，国内学术界集中论证分析了林合组织存在的问题、必要性、发展模式、农户参与林合组织意愿及影响因素等，对林合组织满意度评价较少涉及。尽管一些学者已经研究分析了合作社满意度影响因素（Gray et al.，1998；郭红东等，2009；谢启超等，2011；毛文坤等，2012；张哲等，2012），其中，部分影响因素也可以作为满意度评价指标，但满意度影响因素并不能与满意度评价指标完全画等号。比如，上述几个进行满意度影响因素分析的文献中除张哲等（2012）学者的研究外，其他文献都分析了农户个体和家庭基本情况等变量，这些变量可能是农户对合作社满意度的影响因素，但这些因素却不能成为满意度评价指标，这是因为，满意度评价指标只能是林合组织的运营管理等方面的情况。除农户个体或家庭特征变量外，本书充分借鉴上述文献中的其他满意度影响因素指标，并采用问卷调查、人员访谈、项目分析等定性和定量方法，最终形成林合组织满意度评价体系，作为本书进一步分析研究的前提。

（一）数据来源与样本特征

1. 数据来源

本书采用分层随机抽样方法，从我国东部、中部、西部地区各选择两个省份，每个省份选择两个县，每个县选择两个乡（镇），每个乡（镇）抽取 30 个农户作为研究样本。考虑到林合组织的代表性、数据的易获得性及后续连续跟踪研究的需要，调查最后确定从东部、中部、西部地区省份分别选择福建省的邵武县和永安市、浙江省的安吉县和临安市、江西省的兴国县和崇义县、湖南省的桃源县和慈利县、云南省的腾冲县和马龙县、贵州省的金沙县和遵义县作为调查样本区域。

本次调查共发放问卷 720 份，收回问卷 693 份，剔除一些明显随意填写和关键信息漏填的问卷，共回收有效问卷 658 份，问卷回收有效比重为 91.39%。

调查问卷主要包括四个方面的内容：一是户主及家庭基本情况，主要包括被调查的性别、主要身份、文化程度、年龄、加入合作社的时间、主要收入来源、林地面积、非农收入比重等；二是农户对林合组织的满意度状况，主要包括服务满意度、民主满意度、管理满意度、分配满意度和关系满意度五个方面；三是林合组织的功能实现情况，主要包括林合组织的服务供给及农户对林合组织的服务需求；四是林合组织的规模情况，主要包括社员数量、注册资金数量等方面。

2. 样本描述性统计

本书主要利用家庭基本情况和农户对林合组织的满意度数据。本书人口统计变量的描述性统计结果见表 4－3。从表 4－3 可以看出，本书的样本覆盖范围较广，具有较好的代表性，可以做进一步分析。

表 4－3　　人口统计变量的描述性统计

变量	变量类别	比重（%）	变量	变量类别	比重（%）
性别	男性	47.42	文化程度	小学及以下	24.77
	女性	52.58		初中	56.08
年龄	20 岁以下	4.41		高中（中专）	14.89
	20—30 岁	13.53		大专及以上	4.26
	31—40 岁	17.48	加入合作社时间	1 年及以下	7.14
	41—50 岁	24.01		2—3 年	23.71
	50 岁以上	40.58		4—5 年	58.21
主要身份	合作社领导	5.02		6 年及以上	10.94
	林业大户	9.88	非农收入比重	25% 以下	60.18
	一般农户	76.14		25%—50%	18.24
	村干部	7.75		50%—75%	12.77
	其他	1.22		75% 以上	8.81

（二）实证分析与结果讨论

1. 指标权重确定

利用前文构建的林合组织满意度评价指标体系，本书初步构建一个二阶验证性因素分析理论模型（见图 4－1）。该理论模型由 5 个一阶因素（民主满意度、服务满意度、分配满意度、管理满意度和关系满意度）和 1 个二阶高阶因素（农户满意度）构成。

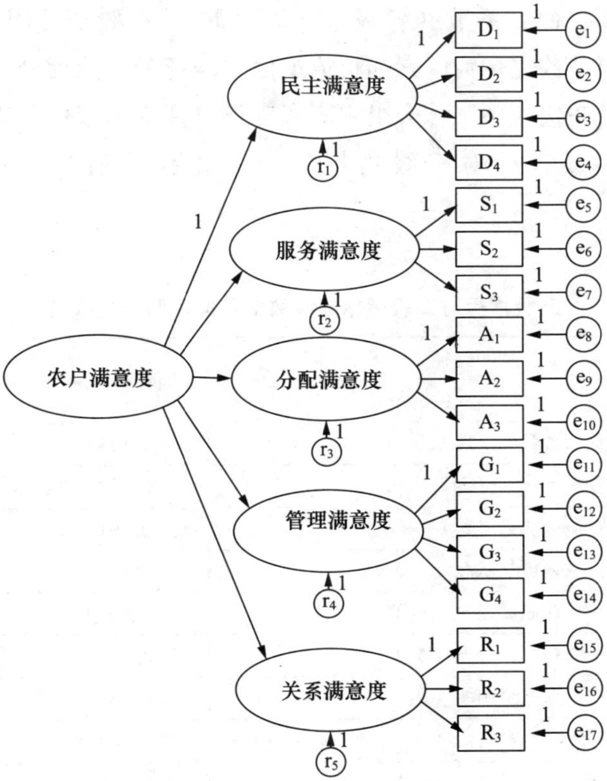

图 4－1　林合组织满意度评价理论模型

注：图中 e_1—e_{17} 分别为 D_1 等 17 个三级测量指标的测量误差项；r_1—r_5 分别为民主满意度等 5 个内因潜在变量的测量误差项；在理论模型中，所有测量误差项 e 的起始值均设为 1，每个潜在变量中有一个测量指标的参数值也设为 1。

指标权重确定的方法有主观赋权法、客观赋权法和主客观组合赋权法。主观赋权法过分依赖专家的意见，对专家的选择有一定的依赖性。因此，主观赋权法主观性太强。主观赋权法者的缺点是主观性太强，对所选专家存在一定程度的依赖性；客观赋权法过分依赖统计或数学的定量分析方法，而忽视了评价指标的主观定性分析。因此，比较科学的做法是将主观与客观结合起来对指标进行组合赋权。综合考虑，本书选用主客观组合赋权相结合的验证性因子分析法确定权重。应用 AMOS 软件，对构建的满意度评价模型进行参数估计，可以得到相应的标准化回归系数（各级指标的权重）。在验证性因素分析中，标准化回归系数也称为因素加权值或因素载荷量。然后分别对这些权重值进行归一化处理。林合组织满意度评价理论模型中三级指标对二级指标、二级指标对一级指标的归一化权重值分别见表 4－4 和表 4－5。

表 4－4　三级指标对二级指标的参数估计值及归一化权重

回归路径		因素载荷量	归一化权重
二级指标	三级指标		
服务满意度	←服务种类（S_1）	0.813	0.3455
	←服务次数（S_2）	0.649	0.2758
	←服务质量（S_3）	0.891	0.3787
分配满意度	←收入增长状况（A_1）	0.863	0.3705
	←分配制度健全（A_2）	0.692	0.2971
	←收益分配公平（A_3）	0.774	0.3323
民主满意度	←一人一票制度（D_1）	0.862	0.2693
	←入社退社自由（D_2）	0.782	0.2443
	←决策方式民主（D_3）	0.715	0.2234
	←尊重农户意愿（D_4）	0.842	0.2630
管理满意度	←财务制度健全与否（G_1）	0.756	0.2444
	←信息公开透明状况（G_2）	0.807	0.2609
	←与管理层沟通状况（G_3）	0.636	0.2056
	←重大决策方式合理（G_4）	0.894	0.2890
关系满意度	←合作社内部人心齐（R_1）	0.611	0.2784
	←成员人际关系和谐（R_2）	0.859	0.3913
	←成员之间相互信任（R_3）	0.725	0.3303

通过表 4－4 可以看出，对服务满意度影响最大的是服务质量，归一化权重系数达到 0.3787，对分配满意度、民主满意度、管理满意度、关系满意度影响最大的分别是收入增长状况、一人一票制度、重大决策方式合理和成员人际关系和谐，其相对应的归一化权重值分别

为0.3705、0.2693、0.2890和0.3913。

表4-5　　二级指标对一级指标的参数估计值及归一化权重

回归路径		因素载荷量	归一化权重
一级指标	二级指标		
农户满意度	←服务满意度	0.707	0.1861
	←分配满意度	0.925	0.2434
	←民主满意度	0.659	0.1734
	←管理满意度	0.788	0.2074
	←关系满意度	0.721	0.1897

根据表4-5可知，在满意度评价指标体系的所有二级指标中，分配满意度对农户的总体满意度影响最大，其归一化权重值为0.2434，其次为管理满意度、关系满意度、服务满意度和民主满意度，其归一化权重分别为0.2074、0.1897、0.1861和0.1734。通过这些指标权重值可以初步判断农户满意度的影响因素及其影响程度。

2. 多层次模糊综合评价

利用前文分析的模糊综合评价矩阵步骤，本书先进行第一层次模糊综合评价，即利用三级指标进行计算；然后再利用二级指标计算得到第二层次模糊综合评价值。在利用模糊综合评价数据集R计算得到综合评价结果时，令非常满意=1，比较满意=2，一般=3，不太满意=4，非常不满意=5。

（1）第一层次模糊综合评价。对于服务满意度二级指标，模糊综合评价数据集为：

$$B_1 = (0.3455 \quad 0.2758 \quad 0.3787)\begin{bmatrix} 0.0486 & 0.1033 & 0.0790 & 0.5350 & 0.2340 \\ 0.0578 & 0.1429 & 0.1824 & 0.4666 & 0.1505 \\ 0.0289 & 0.0942 & 0.2872 & 0.4498 & 0.1398 \end{bmatrix}$$

$$= (0.0437 \quad 0.1108 \quad 0.1864 \quad 0.4839 \quad 0.1753)$$

通过模糊综合评价集 B_1 可以看出，服务满意度指标下的三级指标对评价集的隶属度分别为 0.0437、0.1108、0.1864、0.4839 和 0.1753，在此基础上计算得到服务满意度综合评价值为 3.6364，处于满意度一般偏下水平。其中，服务满意度综合评价值在所有的二级指标综合评价值中最大，这也说明农户对林合组织提供的服务情况最不满意。究其原因，从服务满意度隶属矩阵可以初步看出，农户对林合组织服务种类、服务次数和服务质量的满意度都较低，其中农户对林合组织服务种类的满意度最低。

对于分配满意度二级指标，模糊综合评价数据集为：

$$B_2 = (0.3705 \quad 0.2971 \quad 0.3323) \begin{bmatrix} 0.0836 & 0.5198 & 0.1976 & 0.1337 & 0.0653 \\ 0.1322 & 0.2523 & 0.3435 & 0.1778 & 0.0942 \\ 0.0441 & 0.0866 & 0.3085 & 0.4012 & \end{bmatrix}$$

$$= (0.0849 \quad 0.2963 \quad 0.2778 \quad 0.1554 \quad 0.1855)$$

通过模糊综合评价集 B_2 可以看出，分配满意度指标下的三级指标对评价集的隶属度分别为 0.0849、0.2963、0.2778、0.1554 和 0.1855，进而计算得到分配满意度综合评价值为 3.0601。分配满意度处于一般水平，其中满意度处于一般水平及以上的合计占 65.90%。由此可见，农户对林合组织的分配满意度总体尚可。通过隶属度矩阵可以看出，尽管农户对林合组织的分配满意度尚可，但在具体指标方面还存在较大差异。其中，农户对林合组织收益分配公平指标的不太满意与非常不满意比重合计为 56.08%，而相对应的收入增长状况和分配制度健全指标不满意水平合计比重分别为 19.91% 和 27.20%。由此可以看出，林合组织在收益分配公平方面的确存在改进的余地。

对于民主满意度二级指标，模糊综合评价数据集为：

$$B_3 = (0.2693 \quad 0.2443 \quad 0.2234 \quad 0.2630) \begin{bmatrix} 0.0805 & 0.5106 & 0.2644 & 0.1322 & 0.0122 \\ 0.1884 & 0.6353 & 0.0988 & 0.0593 & 0.0182 \\ 0.1337 & 0.5517 & 0.1991 & 0.0775 & 0.0380 \\ 0.1778 & 0.5653 & 0.1246 & 0.1018 & 0.0304 \end{bmatrix}$$

$$= (0.1444 \quad 0.5646 \quad 0.1726 \quad 0.0942 \quad 0.0242)$$

利用模糊综合评价数据集 B_3 计算得到民主满意度的综合评价值为2.2892，农户对林合组织民主满意度处于一般偏上水平，在所有的二级指标满意度水平中满意度水平最高。由此说明，当前，林合组织的民主水平总体较高，基本能够满足农户的需要。其中，农户对入社退社自由的满意度水平最高，处于一般水平及以上的合计占92.25%，对一人一票制度、决策方式民主、尊重农户意愿的满意度水平差距不大，处于一般水平及以上的合计占86%左右。

对于管理满意度二级指标，模糊综合评价数据集为：

$$B_4 = (0.2444 \quad 0.2609 \quad 0.2056 \quad 0.2890) \begin{bmatrix} 0.0683 & 0.1062 & 0.6510 & 0.1002 & 0.0744 \\ 0.0456 & 0.2143 & 0.1231 & 0.4316 & 0.1854 \\ 0.0213 & 0.0714 & 0.3571 & 0.4909 & 0.0593 \\ 0.0380 & 0.1292 & 0.2310 & 0.3967 & 0.2052 \end{bmatrix}$$

$$= (0.0439 \quad 0.1339 \quad 0.3314 \quad 0.3526 \quad 0.1380)$$

通过 B_4 可以看出，农户对林合组织的管理不满意水平合计占49.07%，农户的不满意程度较高。利用 B_4 计算得到管理满意度的综合评价值为3.4066，该综合评价值处于满意度一般偏下水平。通过管理满意度指标的隶属度矩阵可以看出，除了财务制度健全与否指标的不太满意和非常不满意比重合计为17.45%，处于相对较高的满意水平以外，信息公开透明状况、与管理层沟通状况和重大决策方式合理三个指标的不满意水平合计占比都在55%以上，分别占61.70%、55.02%和60.18%，这也正是农户对林合组织管理满意度不高的主要原因。

对于关系满意度二级指标，模糊综合评价数据集为：

$$B_5 = (0.2784 \quad 0.3913 \quad 0.3303) \begin{bmatrix} 0.1337 & 0.5456 & 0.2340 & 0.0653 & 0.0213 \\ 0.1854 & 0.4666 & 0.2219 & 0.0912 & 0.0350 \\ 0.0456 & 0.1733 & 0.3860 & 0.3283 & 0.0669 \end{bmatrix}$$

$$= (0.1248 \quad 0.3917 \quad 0.2795 \quad 0.1623 \quad 0.0417)$$

通过模糊综合数据集 B_5 可以看出，关系满意度指标下的三级指标对评语集的隶属度分别为 0.1248、0.3917、0.2795、0.1623 和 0.0417，处于一般水平以上的比重合计占 79.60%，这反映出农户对林合组织的关系满意度总体水平较高。通过计算得到关系满意度的综合评价值为 2.6043，处于满意度一般偏上水平，这也进一步说明农户对林合组织总体满意度尚可。从隶属度矩阵可以看出，农户对合作社内部人心齐指标的满意度水平最高，一般及以上的比重合计占 91.34%；农户对成员之间相互信任的满意度水平相比较而言最低，一般及以上的比重合计占 39.51%。

（2）第二层次模糊综合评价。利用第一层次模糊综合数据集和二级指标的归一化权重，构建第二层次模糊综合评价集 B：

$$B = (0.1734 \quad 0.1861 \quad 0.2434 \quad 0.2074 \quad 0.1897)\begin{bmatrix} 0.0437 & 0.1108 & 0.1864 & 0.4839 & 0.1753 \\ 0.0849 & 0.2963 & 0.2778 & 0.1554 & 0.1855 \\ 0.1444 & 0.5646 & 0.1726 & 0.0942 & 0.0242 \\ 0.0439 & 0.1339 & 0.3314 & 0.3526 & 0.1380 \\ 0.1248 & 0.3917 & 0.2795 & 0.1623 & 0.0417 \end{bmatrix}$$

$$= (0.0913 \quad 0.3139 \quad 0.2478 \quad 0.2397 \quad 0.1073)$$

通过模糊综合评价集 B 可以看出，农户满意度指标下的服务满意度等 5 个二级指标对评价集的隶属度分别为 0.0913、0.3139、0.2478、0.2397、0.1073。利用该隶属度，计算得到农户满意度综合评价值为 2.9578。由此可见，农户对林合组织满意度总体来说处于基本满意稍偏高水平。

二　基于利益相关者视角的林合组织满意度评价

近年来，国内学术界开始关注林合组织的研究，但是，国内学者主要集中论证研究了林合组织的类型、组织绩效、发展模式、存在问题、农户参与林合组织意愿及影响因素等（廖文梅、孔凡斌，2012；雷瑶、孔凡斌，2011；顾艳红、张大红，2012；张连刚，2014），对林合组织满意度评价涉及较少。在此基础上，一些学者研究了合作社满意度影响因素（张哲等，2012），从加入林合组织的农户视角较为系统地评价了林合组织满意度（张连刚等，2014）。综合来看，林合组织满意度评价还可以从利益相关者视角进行分析。因此，在充分借鉴上述文献的基础上，采用问卷调查法和人员访谈等定性和定量方法，分析管理者、村委会、普通农户、林合组织领导对当前林合组织运行的满意度。

（一）林合组织利益相关者界定

自斯坦福研究院首次提出利益相关者概念以来，利益相关者的概念表述很多，其中弗里曼和克拉克森（Freeman and Clarkson）的表述最具代表性。国内学者结合了国外两位专家的观点，认为利益相关者是指那些在企业生产经营活动中进行了一定的专用性投资，并承担一定风险的个体和群体。这些个体或群体的活动在一定程度上影响企业目标能否实现和实现程度（付俊文、赵红，2006）。根据利益相关者与企业关系的密切程度，可以将利益相关者划分为主要利益相关者和次要利益相关者（Clarkson and Deck，1992）。研究界定林合组织利益相关者主要包括省林业主管部门、县乡两级政府、县乡两级林业管理部门、村委会、加入林合组织的农户、未加入林合组织的农户、林合组织的领导、工商行政部门、税务部门、银行或农村信用社等。加入合作组织的农户和林合组织领导是合作组织的投资者和惠顾者，他们直接参与合作组织经营，与林合组织关系最为密切，是林合组织的主要利益相关者；林业主管部门、县乡两级政府及林业管理部门是合作组织的管理者和监督者，在政策支持、信息提供等方面影响林合组织的经营管理活动，因此也是林合组织的主要利益相关者；工商行政、税务、银行或农村信用社等部门只是负责合作组织的组建登记、税收缴纳等方面具体事务的部门，对林合组织发展影响较小，属于林合组织的次要利益相关者。未加入林合组织的农户尽管没有参与林合组织经营，但林合组织的经营的好坏直接影响他们参与林合组织的意愿，所以也是林合组织的主要利益相关者。

（二）数据来源

研究中的利益相关者满意度测算对象以主要利益相关者为主，数据由访谈和问卷调查获得。以云南省为例，采用分层随机抽样方法，考虑到林合组织的代表性、数据易获取性和可追溯性，确定云南省保山市隆阳区、腾冲县和大理市作为调查样本区域。共发放问卷350份，收回问卷320份，除去一些漏填错填的问卷，共回收有效问卷308份，有效问卷比重为88%。

（三）实证分析与结果讨论

1. 指标权重确定

由 ω_1、ω_2 分别表示利用G1法与熵值法得到的林合组织利益相关者权重，利用两者相结合的组合赋权法，计算得到每个指标的综合权重 ω_{ij}（见表4－6）。

设 ω_k 为两种赋权方法组合后第k个指标的权重。将 ω_k 表示为主观权重 μ_k 和客观权重 ρ_k 的线性组合（k＝1，2，…，m），即：

$$\omega_k = \alpha\mu_k + (1-\alpha)\rho_k \tag{4-1}$$

式中，α为主观偏好系数权重占组合权重的比重；μ_k 为第k个指标的G1法权重；（1－α）为客观偏好系数占组合权重的比重；ρ_k 为第k个指标的熵值法权重。以组合权重与G1法权重之间的偏差和组合权重与熵值法权重之间的偏差两者偏差平方和最小为目标，建立目标函数：

$$\min z = \sum_{i=1}^{m} [(\omega_k-\mu_k)^2+(\omega_k-\rho_k)^2] \tag{4-2}$$

将式（4－1）代入式（4－2），得：

$$\min_{\alpha} = \sum_{i=1}^{m} \{[\alpha\mu_k+(1-\alpha)\rho_k-\mu_k]^2+[\alpha\mu_k+(1-\alpha)\rho_k-\rho_k]^2\} \tag{4-3}$$

对式（4－3）关于α求导并令一阶导数为零，解得α＝0.5，将其代入式（4－1）得 $\omega_k = 0.5\mu_k + 0.5\rho_k$。

从以上的论证过程可以得知，最优的组合权重方式是主客观权重各占50%。此时，其偏差为最小平方和。

利用前文介绍的组合权重方法，计算得到林合组织利益相关者评价指标组合权重（见表4－6）。其中，5个准则层指标加入林合组织的农户 U_3、管理者 U_1、村委会 U_2、未加入林合组织的农户 U_4 和林合组织的领导 U_5 的综合权重分别为0.2682、0.2302、0.1749、0.1681

和0.1589。权重总体分布比较均衡，在0.1—0.6之间。通过这些指标值可以初步判断利益相关者满意度的影响因素和影响程度。

表4-6 林合组织利益相关者满意度评价指标组合权重

B	ω_i	M	ω_1	ω_2	ω_{ij}
U_1	0.2302	U_{11}	0.0690	0.0396	0.2401
		U_{12}	0.0628	0.0441	0.2364
		U_{13}	0.0523	0.0827	0.2985
		U_{14}	0.0402	0.0696	0.2427
U_2	0.1749	U_{21}	0.0307	0.0697	0.2860
		U_{22}	0.0553	0.0315	0.2472
		U_{23}	0.0236	0.0484	0.2050
		U_{24}	0.0461	0.0446	0.2583
U_3	0.2682	U_{31}	0.1056	0.0682	0.3301
		U_{32}	0.0754	0.0807	0.2965
		U_{33}	0.0580	0.0508	0.2066
		U_{34}	0.0527	0.0450	0.1855
U_4	0.1681	U_{41}	0.0480	0.0336	0.2418
		U_{42}	0.0227	0.0222	0.1333
		U_{43}	0.0273	0.0524	0.2363
		U_{44}	0.0436	0.0863	0.3850
U_5	0.1589	U_{51}	0.0577	0.0355	0.2796
		U_{52}	0.0524	0.0157	0.2044
		U_{53}	0.0403	0.0598	0.3006
		U_{54}	0.0367	0.0198	0.1695

注：ω_i 表示准则层B的指标权重。

2. 满意度综合评价

对于管理者满意度指标，模糊综合评价数据集为：

$B_1 =$（0.2401　0.2364　0.2985　0.2427）×

$$\begin{bmatrix} 0.1948 & 0.3636 & 0.2695 & 0.1234 & 0.0487 \\ 0.2110 & 0.3571 & 0.2922 & 0.0649 & 0.0747 \\ 0.1591 & 0.5357 & 0.1753 & 0.1006 & 0.0292 \\ 0.2825 & 0.4545 & 0.1364 & 0.0942 & 0.0325 \end{bmatrix}$$

$= (0.2478 \quad 0.3048 \quad 0.2452 \quad 0.1260 \quad 0.0763)$

通过 B_1 可以看出，管理者满意度综合评价值为 3.5221，处于满意度一般偏上水平，在所有利益相关者中满意度水平最高。由此说明，管理者对林合组织满意度水平总体较高，基本达到管理者的预期。其中，管理者对国家政策满意度水平最高，处于一般水平及以上的比重占 87.01%。

对于村委会满意度指标，模糊综合评价数据集为：

$B_2 = (0.2860 \quad 0.2472 \quad 0.2050 \quad 0.2583) \times$

$$\begin{bmatrix} 0.2045 & 0.3929 & 0.3117 & 0.0584 & 0.0325 \\ 0.1753 & 0.2532 & 0.3626 & 0.1396 & 0.0682 \\ 0.1526 & 0.3117 & 0.3799 & 0.1006 & 0.0552 \\ 0.1688 & 0.2630 & 0.4058 & 0.0747 & 0.0877 \end{bmatrix}$$

$= (0.2037 \quad 0.2849 \quad 0.2849 \quad 0.1390 \quad 0.0870)$

通过 B_2 可以看出，村委会对林合组织满意度综合评价值为 3.3728，处于满意度一般偏上水平，在所有利益相关者满意度水平中处于第三位。由此可见，村委会对林合组织的满意度总体尚可。通过隶属度矩阵可以看出，尽管村委会对林合组织的满意度尚可，但在具体指标方面还存在较大差异。其中，营林收益状况指标的不太满意和非常不满意比重合计为 47.82%。

对于加入林合组织的农户满意度指标，模糊综合评价数据集为：

$B_3 = (0.3301 \quad 0.2965 \quad 0.2066 \quad 0.1855) \times$

$$\begin{bmatrix} 0.0682 & 0.4351 & 0.2338 & 0.1656 & 0.0974 \\ 0.0779 & 0.3994 & 0.2597 & 0.1461 & 0.1169 \\ 0.0877 & 0.2305 & 0.4675 & 0.1396 & 0.0747 \\ 0.1104 & 0.3506 & 0.3604 & 0.1364 & 0.0422 \end{bmatrix}$$

$= (0.1123 \quad 0.3359 \quad 0.2642 \quad 0.1685 \quad 0.1190)$

通过 B_3 可以看出，加入林合组织农户满意度综合评价值为 3.1537，处于一般水平，在所有利益相关者满意度中处于第四位。通过隶属度矩阵可以看出，加入林合组织农户满意度指标得分按由高到低排序分别为民主满意度、林业收入增长状况、组织管理满意度和服务满意度。除民主满意度指标处于相对较高的满意度水平以外，林业收入增长状况、服务满意度和组织管理满意度 3 个指标的不满意水平合计比重都在 30% 以上，分别为 36.30%、34.61%、30.45%。农户对“林业收入增长状况”不满意的主要原因是遭遇自然灾害导致的减收，对“服务满意度”较低的原因是林合组织提供的服务种类、次数和质量相对较低，对“组织管理满意度”较低的原因是利益分配公平问题和信息公开透明状况。

对于未加入林合组织的农户满意度指标，模糊综合评价数据集为：

$$B_4 = (0.2418\quad 0.1333\quad 0.2363\quad 0.1688)\times\begin{bmatrix}0.1331 & 0.2792 & 0.3539 & 0.0649 & 0.1688\\0.1169 & 0.1916 & 0.3766 & 0.1526 & 0.1623\\0.1429 & 0.2662 & 0.4253 & 0.1169 & 0.0487\\0.2890 & 0.4448 & 0.2013 & 0.0519 & 0.0130\end{bmatrix}$$

$$= (0.2373\quad 0.3161\quad 0.1985\quad 0.1095\quad 0.1386)$$

通过 B_4 可以看出，未加入林合组织农户满意度综合评价值为 3.4040，处于一般偏上水平，这说明未加入林合组织农户对林合组织总体满意度尚可。其中，加入林合组织意愿指标的满意度水平最高，一般及以上的比重占 93.52%；未加入农户对涉林收入状况的满意度水平相对较低，一般及以下的比重占 59.7%。通过调查发现，未加入农户对林合组织不满意的主要原因在于林合组织未带动他们致富，他们也希望通过加入林合组织来提高收入。

对于林合组织领导满意度指标，模糊综合评价数据集为：

$$B_5 = (0.2796\quad 0.2044\quad 0.3006\quad 0.1695)\times$$

$$\begin{bmatrix} 0.1266 & 0.0649 & 0.4156 & 0.2110 & 0.1818 \\ 0.0357 & 0.0649 & 0.3864 & 0.2468 & 0.2662 \\ 0.1494 & 0.1786 & 0.3442 & 0.1299 & 0.1981 \\ 0.0974 & 0.1688 & 0.3409 & 0.1623 & 0.2305 \end{bmatrix}$$

$$= (0.1272 \quad 0.1521 \quad 0.2216 \quad 0.2381 \quad 0.2267)$$

通过 B_5 可以看出，林合组织领导满意度综合评价值为 2. 6120，处于满意度一般偏下水平，在所有利益相关者满意度中排名最后。其中，政府资金扶持满意度和抗风险能力满意度两个指标的不满意水平分别占 65. 26% 和 59. 09%。

第五章　成员满意度与合作社成员退出意愿关系研究

合作社是农户自发或政府引导建立起来的社会集合体，它将分散的农户组织起来，通过联合行动参与市场竞争，应对非对称性市场力量，是解决小农户与大市场之间矛盾的有效途径之一。在经济发展新常态下，合作社既是农民工和大学生返乡创业的重要载体（王军等，2015），也是实现对贫困人口精准扶贫和精准脱贫的重要组织平台。根据合作社章程，合作社成员可以按照自己的意愿，自由选择是否退出合作社。尽管合作社成员具有选择是否退出合作社的权利，但合作社成员大量退出势必影响合作社的正常运营和合作社规模。这是因为，合作社只有达到一定的规模，才能发挥规模经济优势，从而有利于提高合作社价格谈判优势，降低合作社交易成本，从根本上保证合作社成员的利益。塞克斯顿等（1998）认为，合作社失败的主要原因之一在于缺乏足够的成员和交易量。在走访合作社过程中，课题组了解到部分合作社成员尽管已经加入合作社，但没有感觉到加入合作社带来的好处，从而使这部分社员认为加入不加入合作社对家庭收入影响不大，甚至有退出合作社的想法。基于此，本书试图探讨分析合作社成员退出意愿的影响因素，从这些影响因素出发，提出降低合作社成员退出意愿的政策建议，从而不断增强合作社的吸引力和凝聚力，促进合作社可持续发展。

在系统地梳理国内外相关文献的基础上，本书借鉴现有人力资源管理学科中的组织支持感理论，将组织支持感、组织认同、成员满意度与合作社成员退出意愿结合起来进行研究，构建以组织认同和成员满意度为中介变量，组织支持感对合作社成员退出意愿影响效应的理论模型。在此基础上，本书重点论证分析成员满意度对合作社成员退出意愿的影响，并据此提出政策建议，以便为合作社理论研究者与合作社管理者提供一种新的思路和方向。

第一节　研究假设

一　组织支持感

社会交换理论作为一种行为主义社会心理学理论，兴起于20世纪60年代，在美国产生并在世界范围内广泛传播。该理论的代表人物布劳（1988）认为，人类的一切行为都受到某种能够带来奖励或者报酬的交换活动支配，个人之间、个人与群体之间、群体之间在相互交往和社会交换活动中都遵循互惠原则，并通过互惠活动实现各自的目标。在社会交换理论和互惠理论的基础上，埃森伯格等（1986）提出了组织支持感理论。该理论一方面从组织对成员关心或支持的角度进行阐释，即强调组织对其成员给予的关心或支持，包括组织是否重视成员的贡献及福利以及是否关心成员的生活及思想状态；另一方面从成员对组织支持的感知角度进行阐释，即成员是否感知到组织支持以及在多大程度上感知到组织支持。此后，组织支持感理论受到广泛关注，国内外许多学者从社会学、心理学、经济学或管理学视角展开对组织支持理论及其应用的相关研究。

根据互惠原则，人们倾向于认为自己应当回报那些曾经帮助过自己的人或组织（Gouldner，1960）。谭小宏等（2007）对611名企业员工的调查结果显示，组织支持感与工作满意度显著正相关。Kwak等（2010）应用Logistic回归模型，对收集到的韩国23家急性病医院的496名注册医师的访问数据进行研究，结果表明，员工满意度受组织支持感影响显著。张连刚（2014）以成员参与为调节变量，以情感支持和生产支持两个测度组织支持感的变量为自变量，应用阶层回归分析方法，实证分析了组织支持感对成员满意度的影响效果。结果表明，组织支持感是成员满意度的重要前因变量。基于社会交换理论，Wayne 等（1997）认为，具有较高组织支持感的成员更加觉得自己有责任与组织目标保持一致，并支持组织发展，他们的离职意愿更低。埃森伯格等（1986）研究发现，那些感知到更多组织支持的个体更加觉得自己有责任回报组织。马奇等（March et al.，1958）认为，组织成员决定留在组织内还是离开组织，取决于他们从组织获得支持的多少。对成员更多支持的组织会更加重视和关心成员，获得更多支持的成员也会以多种方式回报组织，比如留在组织内且更加努力地工作。类似的情况同样可能存在于合作社。合作社成员如果获得更多的组织支持并且清楚地感知到组织支持，就更不愿意退出合作社，即组织支持感越高的合作社成员退出意愿越低。然而，也有学者指出，组织支持感在影响成员离职意愿及行为方面的作用还没有完全确定。综合考虑，本书提出如下假设：

H5 - 1：组织支持感对合作社成员满意度正向影响显著。

H5 - 2：组织支持感对合作社成员退出意愿负向影响显著。

二 组织认同

组织认同主要是指组织成员在行为和价值观等方面与组织保持一致性，既包括个体对组织归属感的认知（Mael et al.，1992），也包括个体在归属感、自豪感和忠诚度等方面流露出的情感归依（魏钧等，2007）。国外一些文献研究表明，组织认同显著影响组织成员的行为。组织成员对组织认同越高，则组织成员的合作意愿就越高（Dukerich et al.，2002；Van Dick et al.，2004）。凡迪克等（Van Dick et al.，2004）通过实证研究，证实了组织认同对工作满意度正向影响显著。廖媛红（2012）、张连刚等（2015）认为，合作社成立的时间越长，社员对组织的认同感和归属感越强，因此，他们对合作社的满意度越高。对合作社成员而言，他们对合作社的满意程度与其对合作社的归属感和认同感有很大关系（Gray et al.，1998）。国内外学者的相关研究也表明，组织认同度高的成员，在行为和观念等方面更容易与组织保持一致，从而可以降低成员与合作社之间的交易费用。因此，在对组织具有较强认同感的情形下，成员对组织自然具有较高满意度。

Mignonac 等（2006）通过对样本进行连续两年的跟踪研究后发现，组织认同与员工的离职意愿显著负相关。基于以上分析，本书提出如下假设：

H5 - 3：成员的组织支持感越强，其对合作社的组织认同度越高。

H5 - 4：成员的组织认同度越高，其对合作社的满意度也越高。

H5 - 5：成员的组织认同度越高，其退出合作社的意愿也越低。

三　成员满意度

关于成员满意度和离职倾向的关系研究，国内外部分学者通过研究，证实了工作满意度与离职倾向之间呈显著负相关关系（石伟，2005）。孙亚范（2010）利用江苏省农民专业合作社社员的调查数据进行实证分析，结果表明，成员对合作社提供服务的满意度显著负向影响合作社成员退出意愿。与上述研究结论不同，部分学者研究发现，成员满意度与离职倾向之间没有显著相关性（Hellman，1997）。贾奇等（Judge et al.，1994）通过研究也发现，员工满意度对离职倾向的影响需要通过个人特征等中介变量发挥作用，员工满意度与离职倾向没有直接相关性。因此，成员满意度对离职意愿的影响具有不确定性。本书认为，尽管农户的文化素质总体不高，但他们选择退出或者留在合作社都是经过慎重考虑的。合作社成员是否退出合作社往往与他们对合作社的满意度高低有关。对合作社满意度高的成员更愿意留在合作社内，而不会选择退出合作社。综合考虑，本书提出如下假设：

H5 - 6：成员满意度对合作社退出意愿具有显著负向影响。

综合以上分析，本书构建了组织支持感、组织认同、成员满意度与成员退出意愿变量之间的理论模型，如图 5 - 1 所示。

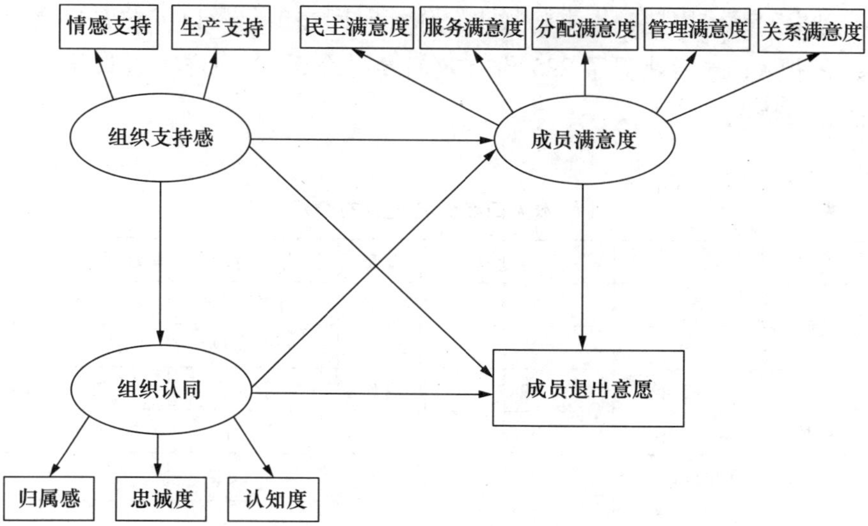

图 5－1　理论模型

第二节　研究设计

一　数据来源

为了获得所需要的调查数据，2013 年暑期，课题组部分成员和假期回家的大学生开展了实地调查。本次调查采取分阶段随机抽样方法。经过抽样，本书最终从云南省西部、北部和中部三个区域分别选择了腾冲县、盐津县和云龙县作为调查样本县。本次调查样本包括 12 家合作社，样本合作社类型全部为农民专业合作社。样本合作社包括腾冲县界头石斛种植专业合作社、云龙县宏达核桃专业合作社等 5 家省级示范社和 7 家普通合作社。调查资料表明，与 7 家普通合作社相比，5 家省级示范社总体运行更为规范，成员数量相对更多，整体经营效果良好。本次调查共向合作社成员发放调查问卷 270 份，回收有效问卷 263 份。考虑到加入合作社时间较短的农户还无法切实感受到合作社的好处，对合作社的满意度也无法表达清楚，更无法谈及合作社退出问题，因此，本书将加入合作社时间在1年及以下的农户调查数据剔除，最后获得了225份有效问卷。表5－1为样本人口统计特征分布情况。

表5－1 样本人口统计特征分布情况

变量	分组范围	有效百分比（%）	变量	分组范围	有效百分比（%）
性别	男性	68.4	主要身份	合作社领导	4.4
	女性	31.6		专业大户	12.4
社龄	2—3年	59.1		一般农户	79.6
	4—5年	31.1		村干部	3.6
	6年及以上	9.8	年龄	20岁以下	7.1
文化程度	未上学	13.8		21—30岁	15.1
	小学	50.3		31—40岁	37.3
	初中	28.9		41—50岁	26.3
	高中（中专）	5.8		50岁以上	14.2
	大专及以上	1.3			

二　变量测量

在文献回顾和实地访谈的基础上，本书设计了合作社成员退出意愿调查问卷。为了保证问卷的信度和效度，本书问卷大部分变量的测量题目引自现有文献中相对成熟的量表。本书在设计组织支持感量表时，主要参考了由埃森伯格等（1986）开发的，受到国内外广泛借鉴的组织支持感问卷（SPOS）。结合农民专业合作社的特点，本书对组织支持感问卷（SPOS）中的36个项目逐一分析，筛选出部分项目，然后，借鉴凌文辁等（2006）结合中国企业实际编制的组织支持感问卷，最终形成符合农民专业合作社特征的组织支持感问卷。本书从情感支持和生产支持两个维度对组织支持感进行测量（张连刚，2014）。情感支持维度测量题项主要包括生活中遇到问题合作社能给予帮助、合作社能够考虑社员应得分配利益、合作社很少关心我和合作社关心我的生活状态4个题项。生产支持维度测量题项主要包括生产中遇到困难时，容易从合作社获得帮助、合作社认同我的工作目标价值观、合作社在做决策时会考虑社员利益、合作社重视我的建议和合作社在意社员生产中的满意度5个题项。

国内外相关文献对组织认同的测量主要从归属感（Patchen，1970；Van Dick et al.，2004）、忠诚度（Patchen，1970；Cheney et al.，1987；魏钧，2009）、认知度（Porter et al.，1974；Van Dick et al.，2004）三个维度进行测量。其中，以切尼等（Cheney et al.，1987）开发的组织认同测量问卷（Organizational Identification Questionnaire，OIQ）应用最为广泛。本书在充分借鉴该问卷的基础上，结合农民专业合作社的特点，从归属感、忠诚度和认知度三个维度对组织认同进行测量。本书的组织认同量表包括我很喜欢我所在的合作社、作为合作社的一员我比较自豪、我是合作社重要的一员、我觉得合作社关心成员和我非常关心合作社未来的发展5个题项。

本书中成员满意度是从服务满意度、分配满意度、民主满意度、管理满意度和关系满意度5个维度进行测量。服务满意度包括服务种类等3个题项，分配满意度包括分配制度健全与否等3个题项，民主满意度包括决策方式民主等4个题项，管理满意度包括财务制度健全与否等4个题项，关系满意度包括成员人际关系和谐程度等3个题项。

合作社成员退出意愿题项为“未来两年您是否会退出合作社?”，选择项定义为：肯定不会=1，不大可能=2，有可能=3，可能性较大=4，很可能=5。本书中组织支持感、组织认同、成员满意度均采用李克特量表法，根据被调查者对题项的同意程度记分：完全不赞同=1，不太赞同=2，一般=3，比较赞同=4，完全赞同=5。

第三节 数据分析与结果讨论

一 测量模型检验

为了保证研究结论的可靠性和有效性，本书对量表进行了信度和效度检验。通过表5-2可以看出，组织支持感、组织认同和成员满意度三个潜在变量的 α 系数分别为 0.864、0.859 和 0.822，都高于 0.7 的标准，这表明本书设计的量表具有较好的内部一致性。同时，表 5－2 还显示，三个变量的组合信度值分别为 0.782、0.829 和 0.894，都高于 0.6 的标准。因此，通过潜在变量的 α 系数和组合信度值可以看出，本书研究量表具有较好的信度。平均方差抽取量（Average Variance Extracted，AVE）是潜在变量可以解释其指标变量变异量的比值，AVE 越大，指标变量越能有效地反映其共同因素构念的潜在特质，相对的测量误差就越小。因此，AVE 是一种区别效度的指标，其值越大，则说明量表具有较好的区别效度。三个潜在变量的 AVE 分别是 0.645、0.619 和 0.629，高于 0.5 的判别标准，这反映出本书研究量表具有较好的区别效度。同时，通过表 5－2 中各个观测变量的因子载荷值可以看出，因子载荷值在 0.701—0.893，高于 0.5 的判别标准，这也反映出测量工具具有较好的收敛效度。综上，本书研究量表具有较高的信度和效度，可以做进一步分析。

表 5－2　　　　测量模型的验证性因子分析结果

潜在变量	观测变量	因子载荷	α 系数	组合信度	AVE
组织支持感	情感支持	0.893	0.864	0.782	0.645
	生产支持	0.804			
组织认同	归属感	0.860	0.859	0.829	0.619
	忠诚度	0.749			
	认知度	0.773			
成员满意度	民主满意度	0.747	0.822	0.894	0.629
	服务满意度	0.869			
	分配满意度	0.725			
	管理满意度	0.701			
	关系满意度	0.818			

二　模型适配度检验

在整体模型适配度的检验方面，模型适配度的 χ^2 值为 57.155

（见表 5 －3），显著性概率值 P = 0. 382 > 0. 05，不拒绝虚无假设，表示本书提出的理论模型与实际数据可以契合。表 5 －3 显示，理论模型的 χ^2 自由度比值为 1. 633，小于 2 的临界值水平；RMSEA 值为 0. 034 < 0. 05，GFI 值为 0. 942 > 0. 90，CFI 值为 0. 941 > 0. 90，这些统计检验指标均达到模型可接受标准；在统计检验指标中，只有 NFI 值为 0. 825 < 0. 90，略低于临界值水平。总体而言，本书提出的理论模型与实际数据的适配情形良好，即模型的外在质量较佳，这也可以反映出本书提出的测量模型收敛效度佳。

表 5 －3　　　　整体模型适配度检验

统计检验指标	适配标准或临界值	检验结果数据	模型适配判断
χ^2 值	P > 0. 05（模型与数据适配）	57. 155（P = 0. 382）	是
χ^2 自由度比值	< 2	1. 633	是
RMSEA 值	< 0. 05	0. 034	是
GFI 值	> 0. 90	0. 942	是
NFI 值	> 0. 90	0. 825	否
CFI 值	> 0. 90	0. 941	是

三　参数估计

第一，验证本书提出研究假设是否成立。表 5 －4 是应用 AMOS 17. 0 软件以极大似然法估计结构模型和测量模型所得到的参数估计结果。标准化回归系数值主要用于判断潜在变量之间的关系，进而对所提出的理论模型和研究假设进行验证分析。标准化回归系数为正说明两个潜在变量之间呈正向相关关系；反之，为负说明两个潜在变量之间呈负向相关关系。标准化回归系数对应的 t 值用于反映两个潜在变量之间的关系是否具有统计学意义上的显著性。结构模型所对应的参数估计结果（标准化回归系数）显示，组织支持感对成员满意度（β = 0. 482，P < 0. 01）和组织认同（β = 0. 308，P < 0. 01）正向影响显著，对合作社成员退出意愿（β = －0. 369，P <

0.01）负向影响显著，H5－1、H5－2和H5－3得以验证。表5－4还显示，组织认同对成员满意度具有显著正向影响（β＝0.404，P＜0.01），对合作社成员退出意愿具有显著负向影响（β＝－0.442，P＜0.05）；成员满意度对合作社成员退出意愿具有显著负向影响（β＝－0.561，P＜0.01），本书提出的H5－4、H5－5和H5－6均得以验证。

表5－4　模型参数估计结果

	路径关系	非标准化系数	C.R./t	P	标准化系数（β）
结构模型	成员满意度←组织支持感	0.477	0.084	***	0.482
	组织认同←组织支持感	0.349	0.075	***	0.308
	退出意愿←组织支持感	－0.402	0.102	***	－0.369
	成员满意度←组织认同	0.382	0.049	***	0.404
	退出意愿←组织认同	－0.337	0.066	**	－0.442
	退出意愿←成员满意度	－0.491	0.071	***	－0.561
测量模型	情感支持←组织支持感	1.000			0.893
	生产支持←组织支持感	0.745	0.052	***	0.804
	归属感←组织认同	1.000			0.860
	忠诚度←组织认同	0.830	0.088	***	0.749
	认知度←组织认同	0.769	0.045	***	0.773
	民主满意度←成员满意度	1.000			0.747
	服务满意度←成员满意度	0.843	0.109	***	0.869
	分配满意度←成员满意度	0.702	0.076	**	0.725
	管理满意度←成员满意度	0.936	0.071	***	0.701
	关系满意度←成员满意度	0.787	0.135	***	0.818

注：*表示P＜0.1；**表示P＜0.05；***表示P＜0.01。

第二，考察组织认同和成员满意度两个中介变量是否发挥作用。一般而言，如果两个潜在变量间的直接效果大于间接效果，表示中介变量不发挥作用，研究者可以忽略此中介变量；如果直接效果小于间接效果，表示中介变量具有影响力，研究者需要重视此中介变量（荣泰生，2009）。通过表5－4和图5－2可以看出，组织支持感对成员退出意愿影响的直接效果为－0.369。组织支持感对成员退出意愿影响的间接效果可以通过两条路径实现：其一，组织支持感通过成员满意度间接影响合作社成员退出意愿，间接效果为0.482×（－0.561）=－0.270；其二，组织支持感通过组织认同间接影响合作社成员退出意愿，间接效果为0.308×（－0.442）=－0.136。由于组织支持感对成员退出意愿的直接效果（－0.369）均小于间接效果（－0.270和－0.136），则说明成员满意度和组织认同两个中介变量都发挥作用，成员满意度和组织认同都是影响合作社成员退出意愿的关键因素。

除此之外，表5－4和图5－2中的测量模型还揭示了潜在变量与其对应的观测变量之间的相互关系：

（1）情感支持和生产支持是影响组织支持感的两个主要因素。组织支持感对情感支持和生产支持的标准化回归系数分别为0.893和0.804。这表明，情感支持在增强合作社成员的组织支持感效果方面比生产支持的影响更大。这与人们一般的看法似乎有些相悖。一般情况下，合作社成员加入合作社的主要动机在于其获得比不加入合作社更高的收益，因此，他们更在乎来自组织对其生产方面的支持。但通过与合作社成员交谈可知，农户现在仍然非常关心他们加入合作社后收入的增长情况，但除此以外，他们开始关注合作社对成员的情感支持度，比如，合作社对成员意见的尊重程度、合作社对成员参与管理的重视与支持程度等。

（2）增强成员对合作社归属感、忠诚度和认知度可以显著提升合作社成员的组织认同感。通过表5－4和图5－2都可以看出，组织认同对归属感、忠诚度和认知度的标准化回归系数分别为0.860、0.749、0.773。通过比较这些标准回归系数值，可以得到，与忠诚度和认知度相比，归属感对组织认同的影响更大。因此，合作社要提高成员的组织认同度，不仅可以从提升合作社成员对合作社的认知度着手，还可以采取人性化管理方式，充分考虑组织成员的生产需要和情感需要，不断增强他们的组织归属感。

（3）在所有影响成员满意度的观测变量中，服务满意度对成员满意度的影响最大，其对应的标准化回归系数为0.869，其次为关系满意度（β=0.818），民主满意度、分配满意度和管理满意度对合作社成员满意度的影响大体相当。

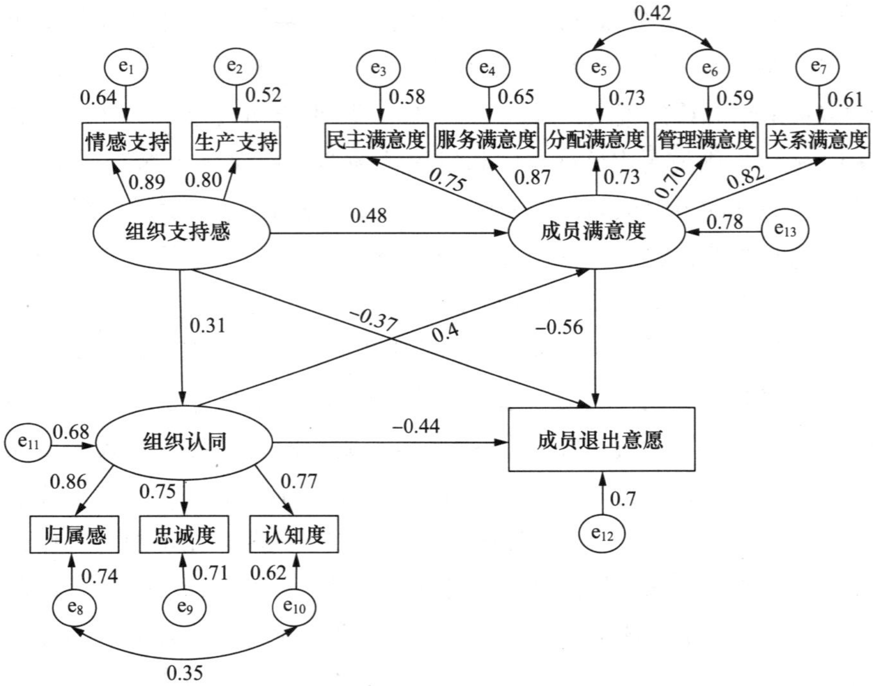

图5-2 结构方程模型参数估计结果

第四节 本章研究结论

本书构建了组织支持感、组织认同、成员满意度与合作社成员退出意愿之间关系的理论模型，重点分析了组织支持感对合作社成员退出意愿的影响，并论证了组织认同和成员满意度作为中介变量所发挥作用的大小。通过实证分析，得到以下主要结论：

第一，组织支持感对成员满意度和组织认同正向影响显著，对合作社成员退出意愿负向影响显著。

第二，成员满意度和组织认同两个中介变量在模型都发挥中介作用，成员满意度和组织认同都是影响合作社成员退出意愿的关键因素。

第三，组织认同度对成员满意度具有显著正向影响，对合作社成员退出意愿具有显著负向影响，成员满意度对合作社成员退出意愿具有显著负向影响。

第四，情感支持和生产支持是影响组织支持感的两个主要维度。其中，情感支持对增强合作社成员组织支持感比生产支持作用更大。

第五，归属感、忠诚度和认知度显著正向影响合作社成员的组织认同。增强成员对合作社的归属感、忠诚度和认知度都可以显著提升合作社成员的组织认同。

第六，服务满意度对成员满意度的影响最大，其次为关系满意度和民主满意度。

第六章　案例分析

第一节　农户专业合作社满意度分析

一　基本情况介绍

随着国家和云南省集体林权制度主体改革的完成和配套改革的逐步推进，玉溪市依托当地林业资源优势，大力发展农户专业合作社，有效地消除了小农户和大市场之间的矛盾，带动了越来越多的农户增收致富，为国家和云南省实现“十三五”时期全面建成小康社会的目标奠定了基础。

到 2012 年年底，玉溪市的集体林权制度主体改革基本完成，1370. 1 万亩集体林地落实了经营主体，林地和林木的所有权、经营权、收益权等相关权利得以落实，极大地提高了广大农户的生产积极性。在集体林权制度配套改革稳步推进下，为了实现林业产业化和规模化，玉溪市整合林业专项投资，运用税收、信贷等各项金融政策和财政支农资金，积极支持农户专业合作社进行基地建设，引导一些农户专业合作社不断走向规范化、品牌化和规模化。从 2007 年开始，玉溪市的农户专业合作社呈快速增长趋势。经过市林业局 2015 年摸底调查，玉溪市正常运转的农户专业合作社达 186 户，注册总资金 1. 93 亿元，社员总人数 1. 06 万人。玉溪市的农户专业合作社经营范围较广，涉及核桃、板栗等经济林果的生产销售以及苗木绿化、养殖、中药材、林下经济等。合作社入社人数从几人到几百人不等，基本上都有自己的合作社章程和管理制度。从 2012 年开始，经过县级推荐、市级复评、省级认定的农户专业合作社省级示范社共有 24 户，入社社员 2418 户，带动农户 14469 户，经营林业用地面积 4.35 万亩，带动基地 9.37 万亩。玉溪市的林农专业合作社通过绿色食品认证 4 个，有机食品认证 1 个。示范社入社人数都超过 50 户，制度健全，服务功能完善，具有核心职能或主打品牌，开展农资采购供应、生产技术培训、产品统一包装、统一生产技术标准等活动，提高了生产的组织化、规模化程度，发挥了良好的示范带动作用。

随着集体林权制度主体改革的完成，易门县 7 个乡（镇）、56 个村委会、746 个村民小组、14 万农户，共完成确权面积 1691870.02 亩，占应确权面积的 99.92%，集体林均山到户率达 92%；集体商品林均山到户达 83%。通过落实所有权、经营权、收益权和处置权，提高了广大农户和社会发展林业产业的积极性。近年来，易门县农民积极发展核桃、板栗等经济林木，并大力发展林下经济，在林下养殖了野猪、野兔、山鸡等畜禽。易门县多举措培育和扶持林业企业发展，目前已经形成康源、山里香、丛山、益生和恒源 5 家林业龙头企业，易门县 50 万亩林地林下资源得以合理开发利用。自 2000 年以来，易门县依托云南省干果基地项目、国家退耕还林、低效林改造项目和特色经济林产业建设项目的实施，按照“生态建设产业化，产业发展生态化”的总体要求，结合易门县实际，大力发展核桃、板栗等特色产业，种植规模、产量和产值大幅提升，林下经济迅速发展，经济林产品深加工快速发展，特色优势更加明显，带动效应更加显著。易门县逐步形成了特色经济林、林下经济、林产品加工、森林旅游等重点突出、门类多样、多业并举的林产业发展格局。截至 2014 年 10 月底，易门县林产业总产值达 23164.98 万元。

易门县乡源食用菌专业合作社是易门恒源公司采取“公司 + 合作社 + 基地 + 农户”运作的合作社，成立于 2012 年 6 月 11 日，会员 163 人。合作社建立了食用菌研发中心，由合作社与省市食用菌科研院所进行合作，并由这些科研院所进行技术指导，主要开展了菌种培育、野外驯化等业务。该合作社已经建立 100 亩示范基地，栽培 12 万包香菇、平菇等为主的食用菌，林下试种大球盖菇示范 10 亩，研发栽培灵芝、竹荪等珍稀食用菌栽培试验。目前，合作社向社员和农户提供栽培菌种及栽培技术指导，收购合作社成员及周边农户种植的食用菌产品，对收购的食用菌进行深加工，延伸食用菌产业链，提高合作社成员及周边农户收入。

二　满意度现状分析

为了更加准确地了解分析合作社成员的满意度，本书采取以问卷调查为主、人员访谈为辅的方式收集资料。本次调查共向易门县乡源食用菌专业合作社的成员发放问卷 85 份，占合作社成员总数的 52.15%，回收有效问卷 83 份，问卷回收有效率为 97.65%。

（一）服务满意度

通过表 6－1 和图 6－1 可以看出，在服务满意度方面，成员对合作社提供的服务种类最为满意，满意和非常满意两者合计占 53.01%；成员对合作社提供的服务次数和服务质量都不太满意，两者占比都在 30% 左右。通过对合作社成员的问卷调查和访谈，课题组了解到，在合作社成立初期，乡源食用菌专业合作社对成员提供的服务包括提供栽培菌种、菌种培育和技术指导，基本可以满足合作社成员的技术需要。目前，合作社成员栽培的食用菌数量还不大，因此，合作社成员生产的食用菌销售问题还不大，但由于合作社成员的文化程度总体偏低，对于合作社及相关科研院所提供的技术指导不能很好地理解，合作社成员希望技术人员增加技术指导次数，同时改进技术指导方式，在进行集中开展讲座指导的基础上，可以到生产基地对合作社成员进行现场指导，这样可以让农民能够更深刻地理解技术人员培训的内容，让理论与实践结合起来。

表 6－1　　成员对合作社的服务满意度描述性统计

	非常满意	满意	一般	不满意	非常不满意
服务种类	12 （14.46%）	32 （38.55%）	25 （30.12%）	11 （13.25%）	3 （3.61%）
服务次数	3 （3.61%）	12 （14.46%）	43 （51.81%）	16 （19.28%）	9 （10.84%）

续表

	非常满意	满意	一般	不满意	非常不满意
服务质量	8 （9.64%）	15 （18.07%）	36 （43.37%）	20 （24.10%）	4 （4.82%）

注：括号内数字为满意度比重。

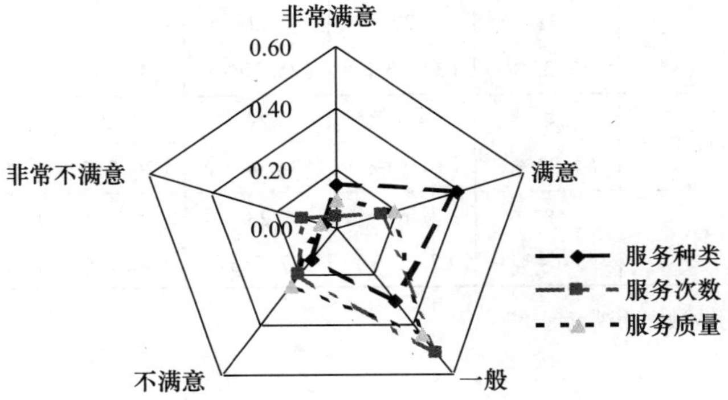

图 6－1　合作社成员的服务满意度雷达图

（二）民主满意度

通过表 6－2 和图 6－2 可以清楚地看出，在民主满意度方面，成员对一人一票制度最为满意，满意和非常满意合计占 72.29%，其次为入社退社自由，满意和非常满意合计占 69.88%。成员对民主决策方式和农户意愿尊重方面满意程度较低，满意和非常满意两者合计分别为 15.66% 和 16.87%。这说明，乡源食用菌专业合作社基本能够按照《中华人民共和国农民专业合作社法》的要求，在合作社成员大会选举和表决时，实行一人一票制；同时，该合作社遵循了入社自愿、退社自由的基本原则。然而，该合作社没有很好地尊重合作社成员的意愿，在重大决策过程中，没有很好地实现民主。通过走访调查，我们了解到，合作社的部分成员向合作社部分领导提出意见，希望合作社能够定期公开财务。然而，合作社领导认为，定期公布财务状况需要大量的人力和财力，合作社本身就缺乏财务人员，只需要在每年召开一次的成员大会前 15 日公布编制的盈余分配方案和财务会计报告。合作社领导和社员关于财务公开问题的差异直接影响了合作社成员的民主满意度。

表 6－2　成员对合作社的民主满意度描述性统计

	非常满意	满意	一般	不满意	非常不满意
一人一票制度	24（28.92%）	36（43.37%）	15（18.07%）	5（6.02%）	3（3.61%）
入社退社自由	31（37.35%）	27（32.53%）	21（25.30%）	4（4.82%）	0（0%）
决策方式民主	4（4.82%）	9（10.84%）	29（34.94%）	22（26.51%）	19（22.89%）
尊重农户意愿	8（9.64%）	6（7.23%）	23（27.71%）	30（36.14%）	16（19.28%）

注：括号内数字为满意度比重。

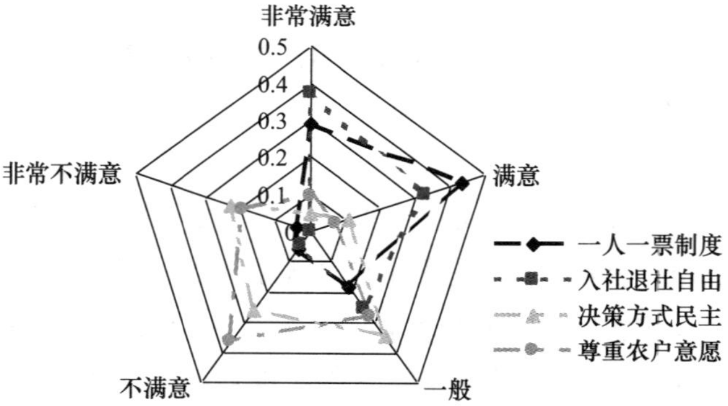

图 6－2　合作社成员的民主满意度雷达图

（三）分配满意度

通过表 6－3 和图 6－3 可以看出，成员对合作社分配满意度总体来说不是很高，大多数成员的分配满意度处于一般水平。具体而言，合作社成员对收入分配公平方面最不满意，不满意和非常不满意两者合计占 42.57%。通过具体访谈，课题组了解到，部分合作社成员认为，合作社对于内部收入分配并不是全部按照合作社的相关规定实施。按照规定，合作社盈余的大部分应当按照社员与合作社的交易量返还给社员，是以高于市场价进行收购的形式将合作社盈余返还给社员，但合作社并没有按照章程中规定建立社员账户，没有将公益金按照社员的出资份额返还给社员。

表6－3和图6－3显示，成员对合作社收入增长状况和分配制度满意度（满意和非常满意合计占比）都不算高，分别占总体的24.09%和31.33%。由此可以说明，乡源食用菌专业合作社还需要进一步完善服务，提高合作社的规模和竞争力，从而不断提高合作社成员的收入。同时，合作社需要进一步完善分配制度，按照《中华人民共和国农民专业合作社法》的规定，结合合作社自身的实际，建立利益共享的分配制度，从而不断地提升合作社成员的满意度。

表6－3　　成员对合作社的分配满意度描述性统计

	非常满意	满意	一般	不满意	非常不满意
收入增长状况	3 (3.61%)	17 (20.48%)	45 (54.22%)	12 (14.46%)	6 (7.23%)
分配制度健全	6 (7.23%)	20 (24.10%)	36 (43.37%)	17 (20.48%)	4 (4.82%)
收益分配公平	4 (4.82%)	16 (19.28%)	28 (33.73%)	23 (27.71%)	12 (14.86%)

注：括号内数字为满意度比重。

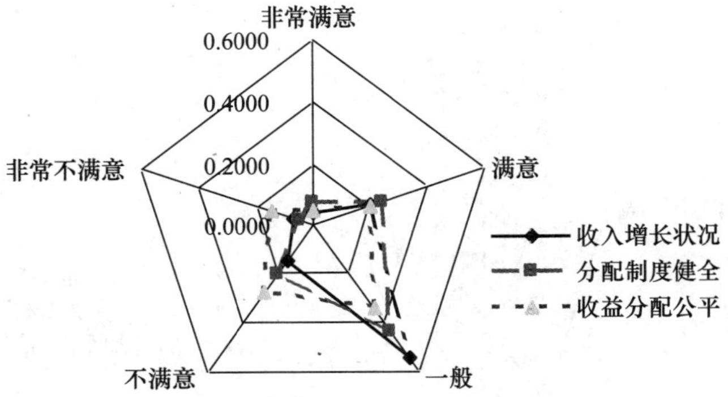

图6－3　合作社成员的分配满意度雷达图

（四）关系满意度

通过表6-4和图6-4可以清楚地看出，成员对于合作社关系满意度总体来说处于一般水平。这说明，合作社在关系满意度方面仍有一定的改进余地。相比较而言，合作社成员的相互信任水平较高，有49.39%的合作社成员认为成员之间相互信任。这一点对于合作社成员之间的相互协作以及合作社的可持续发展具有非常重要的意义。尽管合作社成员之间信任水平较高，但合作社成员对成员之间的人际关系和谐程度并不满意，只有28.91%的社员表示满意。通过走访合作社成员，课题组了解到，合作社部分成员认为，一些成员生产积极性不高，部分成员对不涉及自身利益的合作社事务关心不足，这些都影响了合作社成员之间的人际关系。这可以通过表6-4得以验证。合作社成员对合作社内部人心齐满意的仅占24.10%，合作社成员之间的人际关系直接影响成员之间的合作程度。

表6-4 成员对合作社的关系满意度描述性统计

	非常满意	满意	一般	不满意	非常不满意
合作社内部人心齐	4 （4.82%）	16 （19.28%）	50 （60.24%）	11 （13.25%）	2 （2.41%）
成员人际关系和谐	1 （1.20%）	23 （27.71%）	43 （51.81%）	10 （12.05%）	6 （7.23%）
成员之间相互信任	7 （8.43%）	34 （40.96%）	36 （43.37%）	5 （6.02%）	1 （1.20%）

注：括号内数字为满意度比重。

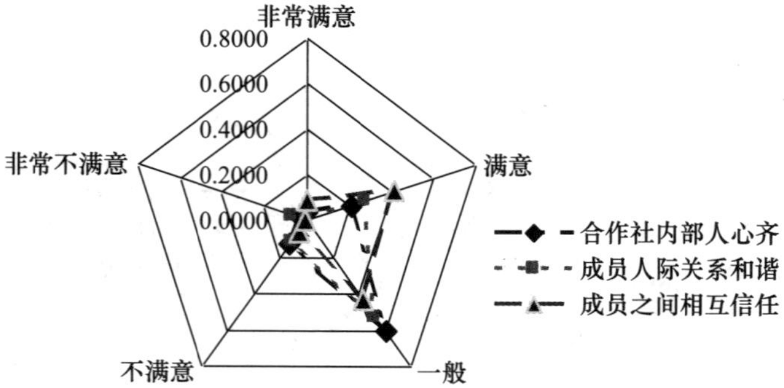

图6-4 合作社成员的关系满意度雷达图

（五）管理满意度

通过表6－5和图6－5可以看出，成员对乡源食用菌专业合作社的管理满意度存在一定的差异。具体而言，成员对该合作社的财务制度健全情况、与管理层沟通情况和重大决策方式三个方面满意度相对较低，满意度（满意和非常满意合计占比）分别为18.04%、24.09%和10.46%，而对合作社的信息公开透明状况较为满意，满意度为65.06%。多数成员认为，合作社的决策方式不够合理，尤其是对于合作社重大决策方式，普通社员往往无法直接参与重大决策，即使参与了重大决策，对重大决策影响也不大，合作社重大决策往往是由合作社的领导（理事长等）说了算，这也是普通社员对合作社重大决策方式不满意的主要原因所在。除此以外，通过调查，课题组了解到，合作社成员与管理层沟通较少，合作社多数成员认为，他们根本无法与合作社领导平等、有效地交流。这是由于两个方面的原因：一方面，合作社领导比较忙，没有太多时间与成员进行交流；另一方面，普通社员与合作社领导交流缺乏有效的平台。这就使普通社员即使对合作社有想法和意见，也不能及时有效地与合作社管理层沟通，久而久之，双方的意见分歧就越来越大，普通社员的不满意程度就会逐渐提高。

表6－5　　成员对合作社的管理满意度描述性统计

	非常满意	满意	一般	不满意	非常不满意
财务制度健全与否	6 （7.2%）	9 （10.84%）	48 （57.83%）	12 （4.46%）	8 （9.64%）
信息公开透明状况	17 （20.48%）	37 （44.58%）	14 （16.87%）	11 （13.25%）	4 （4.82%）
与管理层沟通状况	7 （8.43%）	13 （15.66%）	37 （44.58%）	21 （25.30%）	5 （6.02%）
重大决策方式合理	4 （0.82%）	8 （9.64%）	35 （42.17%）	22 （26.51%）	14 （16.87%）

注：括号内数字为满意度比重。

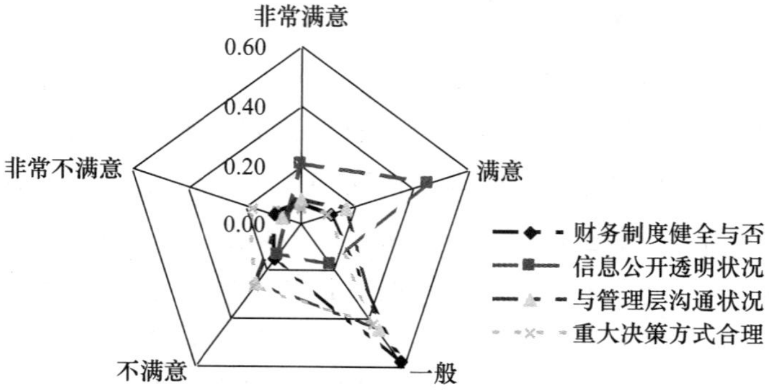

图 6－5 合作社成员的管理满意度雷达图

第二节 股份合作林场满意度分析

一 基本情况介绍

云南省腾冲县位于云南省西部，是全省集体林权制度改革试点县之一。腾冲县现有林业用地面积 660.59 万亩，森林覆盖率达 70.7%，活立木总蓄积量 4872 万立方米，集体林应确权面积 401.08 万亩，是云南省重点林区县之一。自 2006 年 6 月集体林权制度改革实施以来，共完成确权 397.53 万亩，确权宗地数 411590 宗，确权率达 99.1%。核发林权证 122107 本，发证户数 118259 户，发证率 99.5%；集体林均山到户率达 88.9%，集体商品林均山到户率 89.5%。在集体林权制度改革以来，腾冲县大胆探索林木采伐管理改革，建立和完善林木、林地流转机制和林业发展投融资机制，围绕将腾冲县打造成"全国重要的木本油料产业基地"这一目标，大力发展和推动红花油茶、核桃和银杏三棵"致富摇钱树"。通过特色林的种植和林业产业化经营，腾冲县农民的涉林收入大幅增加，经济社会发展和生态建设同步推进。

针对林改后出现的新情况、新问题，根据《合作社法》的规定，按照合作社"自愿、互助、互惠、互利"的原则，腾冲县大力发展各类林合组织。至 2014 年 7 月，全县已成立了林业“三防”协会、股份合作林场、农户专业合作社等形式的林合组织 102 个，组织会员有 12093 人，带动农户 6248 户。

猴桥镇地处腾冲县城西北部，东邻滇滩、固东和马站 3 个乡（镇），南接中和镇，西与盈江县盏西镇、支那乡毗邻，西北与缅甸接壤，东距腾冲县城 53 千米，猴桥镇原名古永傈僳族乡，2000 年 6 月撤销古永傈僳族乡设立猴桥镇。全镇辖 9 个社区，110 个村民小组，152 个自然村。2014 年年末，共有 7256 户，28966 人。2014 年，全镇生产总值为 8.69 亿元，公共预算收入完成 2249 万元，农民人均纯收入 8405 元。全镇有林地 140 多万亩，占全县的 21.2%；活立木蓄积达 450 多万立方米，占全县的 9.2%；森林覆盖率达 82% 以上，高于全县 11.3 个百分点。猴桥镇现在已发展成集林业、边境贸易、物资聚散、边境旅游等多元产业于一体的边关重镇。

1995 年 11 月 20 日，腾冲县林业局和古永乡（现在的猴桥镇）政府下文同意筹办东村西山股份合作林场。由于林地权属不够清晰，再加上股份制合作社林场还是个新鲜事物，因此，西山股份合作林场成立的最初几年没有实质性进展。随着集体林权制度改革的逐步深入推进，中央政府和云南省对林合组织的发展愈加重视，出台了一系列相关政策，极大地提高了农户生产经营的积极性，西山股份合作林场的运营又受到农户的关注，在县委和县政府的大力支持下，于 2003 年 8 月正式成立。

西山股份合作林场的组织形式为股份合作制，股本由社会资本、村民集资、村民投劳、林地和林木等共同组成。林场成员按照股份享有权利，并承担相应的义务和风险（魏治全，2009）。林场实行独立核算、自主经营、自负盈亏和自我发展的经营机制，对外独立承担民事责任。东村 13 个村民小组的 685 户村民全部是林场股东。林场的分配机制是按照股份分红和按劳分配相结合。在林场最初的股权设置方面，每 1000 元为 1 股，投资股和投劳股实行保息分红，利息以当年的银行活期存款利息为标准；分红同时根据林场每年的经营状况相应地做出调整。林地按每亩 10 元折价入股，林地幼林（除林场已付现金外）折价 20 股。

林场的组织架构分为股东大会、理事会和董事会。董事会由 7 个理事组成，理事长由理事会选举产生，林场场长由理事会确定人选，负责林场的日常经营管理。按照林场的组织章程，股东大会每年召开 1 次，理事会每半年召开 1 次。

二　满意度现状分析

为了准确地了解分析西山股份合作林场成员的满意度，本书采取以问卷调查为主、人员访谈为辅的方式收集数据。考虑到东村 13 个村民小组共有 685 户，本次调查向每个村民小组随机发放调查问卷 10 份，调查共发放调查问卷 130 份，占林场成员总数的 18.98%，回收有效问卷 126 份，问卷回收有效率为 96.92%。由于股份合作林场与农户专业合作社两个林合组织形式在组织机构、资本构成和主要业务方面都存在一定的差异，因此，本书结合西山股份合作林场的实际情况，对农户专业合作社调查问卷进行了修改完善，以更适应股份合作林场的实际情况，从而获取更加客观准确的调查数据。由于中国对股份合作林场没有制定和出台专门的法律制度，因此，股份合作林场的制度规范建设方面没有现成的文件可供参考。在充分参考和借鉴《合作社法》的相关规章制度的基础上，结合课题组对股份合作林场调研的实际情况，编制了股份合作林场成员满意度问卷。在进行问卷调查的基础上，本书也对部分农户进行了访谈，以获得一些更为深入的资料。

（一）服务满意度

西山股份合作林场成员对林场服务的满意度在服务次数、服务内容和服务质量方面存在一定的差异（见表 6－6 和图 6－6）。具体而言，首先，林场成员对林场提供的服务质量最为不满意，不满意和非常不满意两者合计占 46.02%；其次，成员对林场提供的服务次数也不够满意，不满意和非常不满意两者合计占 34.92%。相比较而言，林场成员对林场的服务内容满意度较高，满意和非常满意两者合计占 50%。

表 6－6　　　　　成员对林场的服务满意度描述性统计

	非常不满意	不满意	一般	满意	非常满意
服务次数	8 （6.35%）	36 （28.57%）	49 （38.89%）	23 （18.25%）	10 （7.94%）
服务内容	12 （9.52%）	19 （15.08%）	32 （25.39%）	45 （35.71%）	18 （14.29%）
服务质量	16 （12.69%）	42 （33.33%）	37 （29.37%）	17 （13.49%）	14 （11.11%）

注：括号内数字为满意度比重。

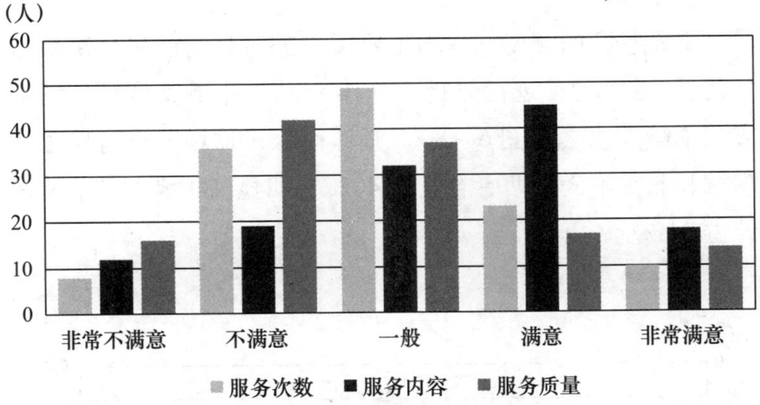

图 6－6　林场成员对林场的服务满意度

通过问卷调查走访林场成员，我们了解到，林场提供的森林防火、防盗、病虫害防治、森林抚育、林木采伐等服务种类基本能够满足林场成员的需要。因此，林场成员对林场提供的服务内容较为满意。然而，林场成员认为，林场提供的服务质量不够高，原因主要在于林场的树木被盗现象时有发生，林场也没有能够很好地解决一些林木的病虫害问题。图 6－7 显示，林场提供的服务次数主要集中在 6 次以下，林场成员认为，林场提供的服务次数无法满足自己的需要。

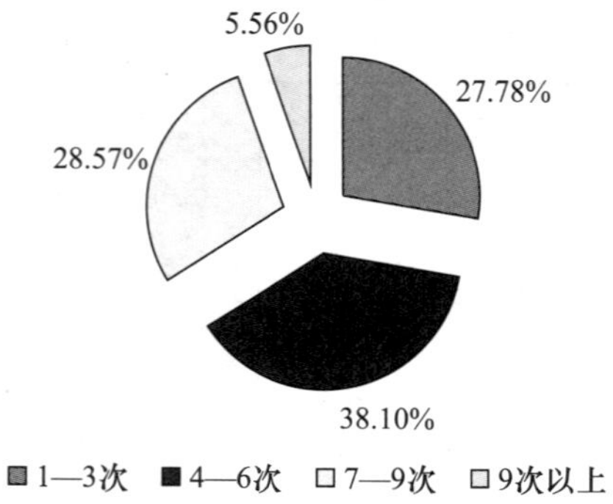

图 6－7　林场提供的服务次数

（二）民主满意度

对民主满意度的测度，本书主要用“您对林场的民主决策方式满意度如何?”这个题项进行分析。总体来说，林场成员对林场的民主决策方式不够满意（见图 6－8）。具体而言，林场成员对民主决策方式不满意和非常不满意两者合计占 40%，明显高于满意和非常满意两者合计占 24%。

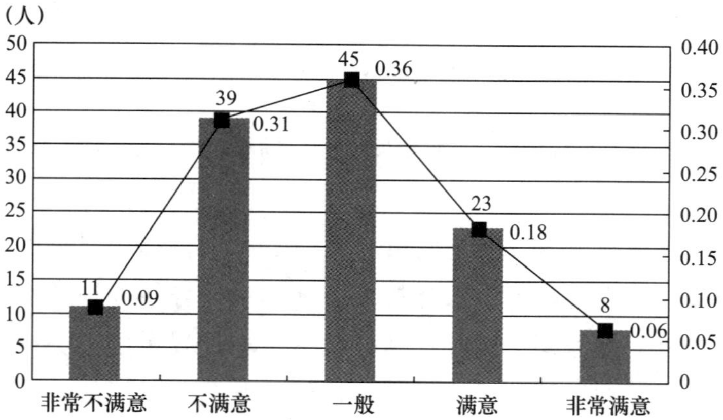

图 6－8　林场成员民主决策方式满意度

图 6－9 显示，林场成员参与林场重大事务的意愿程度总体较高，

愿意和非常愿意两者合计占53%。通过图6－10可以看出，38.3%的林场成员认为，林场的重大决策是由林场场长说了算，25.2%的成员认为，林场的重大决策是由林场的领导说了算，这说明，一半的林场成员认为，林场的重大决策都是由林场领导（包括林场场长）说了算。图6－9的数据反映了林场成员具有较强的参与林场重大事务决策的意愿，然而，图6－10反映出大多数林场成员认为林场的重大决策不是由林场成员投票决定而是由林场领导决定，林场成员的较高参与决策意愿与林场的重大事务不能由林场成员决定的矛盾必然导致林场成员对林场民主决策方式的不满意。

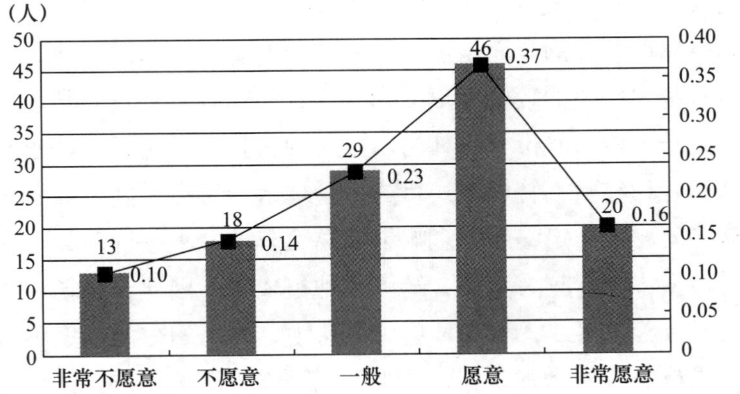

图6－9　林场成员参与林场重大事务决策意愿程度

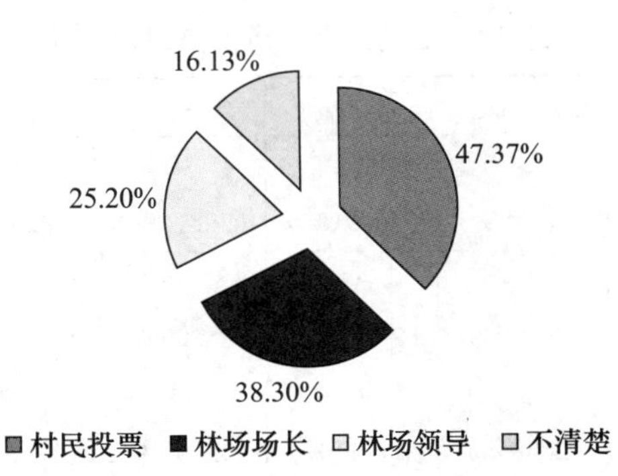

图6－10　林场重大决策谁说了算数

（三）分配满意度

通过表6-7和图6-11可以看出，成员对林场的分配公平满意度最高，满意和非常满意合计占42.86%，不满意和非常不满意的仅占13.49%，由此可以看出，林场成员在林场收益分配方面认为还是较为满意的。然而，林场成员对林场分配的其他方面并不是很满意。具体而言，林场成员对林场成员的收入增长和分配制度两个方面都不是很满意，不满意和非常不满意合计占比分别为55.56%和39.68%。在调查中我们发现，许多农户已经成为林场的成员和股东多年，但成员的收入一直没有明显地增加，林场成员认为，收入增加不明显主要有两个方面的原因：第一，林场自成立以来，总体经营效益不明显，林场的收入在林场成立的最初几年主要来自林木销售。随着2008年集体林权制度改革的全面推进，国家和云南省对林木的采伐管理越来越严格，林木采伐的数量大幅下降，这直接影响了林场及林场成员的收入。另外，西山股份合作林场成立后的很长一段时间，缺乏林业生产经营和管理经验，管理方式粗放，管理水平落后，林场经营技术低下，这些问题在一定程度上影响了造林育林的质量。同时，林场也没有及时转型，经营较为单一，经济林种植较少，因此，林场收入一直没有明显改善。第二，一些林场成员认为，林场的分配制度不健全导致林场成员的收入增加缓慢。在收入分配方面，林场成员分配偏少，一些林场领导分配较多。

表6-7　　成员对林场的分配满意度描述性统计

	非常不满意	不满意	一般	满意	非常满意
成员收入增长情况	24 (19.05%)	46 (36.51%)	38 (30.16%)	12 (9.52%)	6 (4.76%)
分配制度健全情况	17 (13.49%)	33 (26.19%)	49 (38.89%)	18 (14.29%)	9 (7.14%)
收入分配公平情况	3 (2.38%)	14 (11.11%)	55 (43.65%)	37 (29.37%)	17 (13.49%)

注：括号内数字为满意度比重。

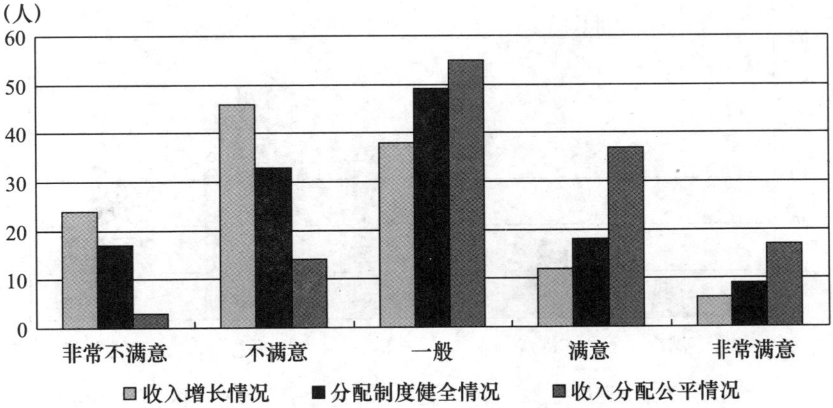

图 6-11 林场成员对林场的分配满意度

（四）关系满意度

通过表 6-8 和图 6-12 可以清楚地看出，林场成员对成员之间的关系满意度总体较高。具体而言，人际关系和谐情况、村民之间合作情况和村民相互信任情况的满意度（满意和非常满意合计占比）分别为 67.46%、65.87% 和 49.21%。与其他满意度相比，林场成员对成员之间的关系满意度最高。通过对林场成员的走访，我们了解到，林场成员之间没有明显的利益冲突，再加上林场成员之间相互合作的机会本来也不多，因此，林场成员之间的关系总体比较融洽。

表 6-8 成员对林场的关系满意度描述性统计

	非常不满意	不满意	一般	满意	非常满意
人际关系和谐情况	3 (2.38%)	7 (5.56%)	31 (24.60%)	56 (44.44%)	29 (23.02%)
村民之间合作情况	1 (0.79%)	17 (13.49%)	25 (19.84%)	50 (39.68%)	33 (26.19%)
村民相互信任情况	8 (6.35%)	16 (12.70%)	40 (31.75%)	44 (34.92%)	18 (14.29%)

注：括号内数字为满意度比重。

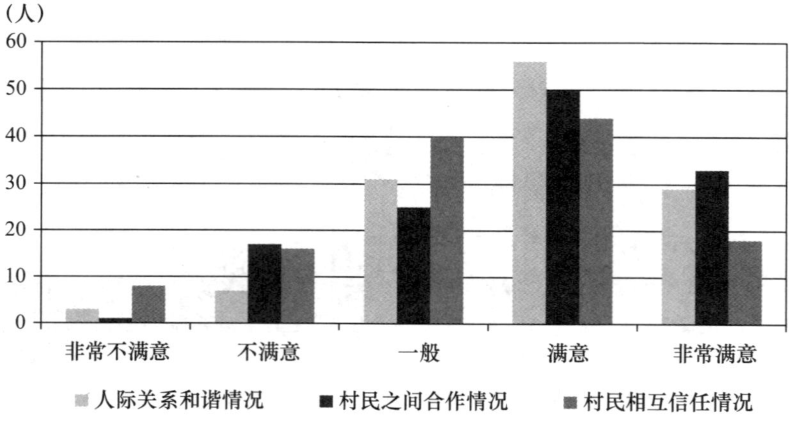

图 6-12　林场成员的关系满意度

（五）管理满意度

本书拟通过财务制度健全情况、信息公开透明情况和与管理层沟通情况三个问题来反映林场成员对林场的管理满意度。调查结果显示（见表6-9），成员对林场的财务制度健全情况最为满意，满意度（满意和非常满意）合计占51.59%，满意度相对而言最高。通过对林场成员的访谈，我们了解到，林场大多数成员受文化素质较低的影响，对财务知识不了解，更不清楚健全的财务制度应该是什么样，因此，林场成员对林场的财务制度健全情况满意度调查结果并没有真正地揭示林场财务制度健全与否的实际情况。与对财务制度健全情况的满意度相比，林场成员对信息公开透明情况和与管理层沟通情况的满意度更低，满意度（满意度和非常满意度合计）占比分别为34.92%和23.02%。

表 6-9　成员对林场的管理满意度描述性统计

	非常不满意	不满意	一般	满意	非常满意
财务制度健全情况	3 (2.38%)	14 (11.11%)	44 (34.92%)	49 (38.89%)	16 (12.70%)
信息公开透明情况	13 (10.32%)	28 (22.22%)	41 (32.54%)	32 (25.40%)	12 (9.52%)

续表

	非常不满意	不满意	一般	满意	非常满意
与管理层沟通情况	14 (11.11%)	35 (27.78%)	48 (38.10%)	22 (17.46%)	7 (5.56%)

注：括号内数字为满意度比重。

为了更清楚地了解林场成员对与管理层沟通情况不满意的原因，我们进一步调查了解相关问题。图 6－13 显示，39% 的林场成员对林场发展有自己的想法。

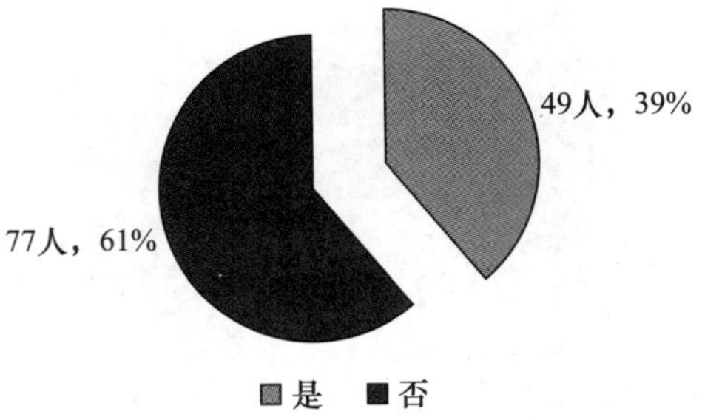

图 6－13　林场成员对林场发展是否有自己的想法

尽管林场部分成员对林场发展有自己的看法，但林场成员向林场领导反映的比重并不高。图 6－14 显示，在那些对林场发展有自己看

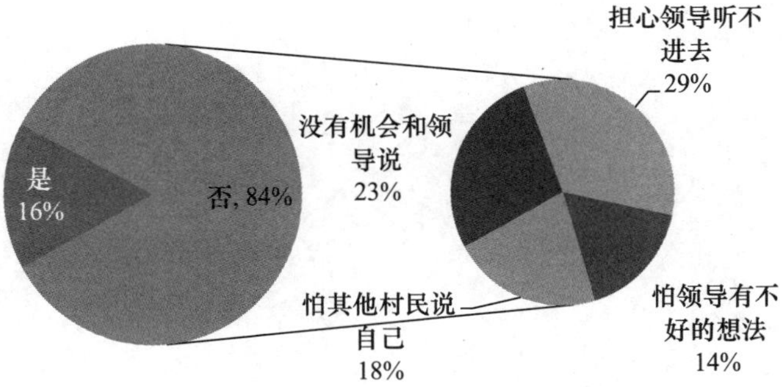

图 6－14　林场成员没有向领导表达自己想法的原因

法的成员中，有过向相关领导反映的只占16%，大部分成员并不愿意向领导反映。从图6－14可以进一步看出，大多数林场成员不愿意向相关领导表达自己的想法，这是因为，29%的林场成员担心领导听不进去，23%的成员担心没有机会和领导说。这从某种程度上揭示了林场成员对与管理层沟通情况满意度不高的原因。

第七章　林合组织满意度提升路径研究

第一节　研究结论

一　研究结论小结

（一）影响因素分析结论

1. 人口统计变量是影响林合组织成员满意度的重要变量，但对满意度各维度影响存在差异性

林合组织成员年龄与民主满意度呈正相关关系，林合组织成员年龄越大，对组织民主管理越满意；文化程度越高的成员对组织服务以及组织管理等方面更为不满意；加入林合组织的时间（社龄）与服务满意度呈显著负相关关系，与分配满意度变量呈显著正相关关系，即社龄越长，林合组织成员对组织提供的服务满意度越低，对组织的分配满意度水平越高。

2. 政府工作人员和林合组织成员对于政府作用的认知存在显著差异，进而影响林合组织成员的满意度

政府工作人员和林合组织成员两者的认知差异，具体表现在以下五个方面：

第一，对于政府的作用大小的认知存在显著差异。大多数林合组织成员认为，政府对林合组织发展所发挥的作用不太大；而大多数政府工作人员认为，其对林合组织发展所发挥的作用较大。

第二，对于政府应该发挥作用和实际发挥作用的认知都存在显著差异。在政府应该发挥作用方面，政府工作人员认为，政府对林合组

织发展应该发挥的作用主要体现在林合组织法律规范、财政激励和林合组织制度规范三个方面；而林合组织成员认为，政府应该发挥的作用主要体现在信贷支持、基础设施完善和技术培训三个方面。政府工作人员和林合组织成员对政府实际发挥作用的认知差异主要体现在技术培训、林合组织法律规范和财政激励三个方面。

第三，在林合组织成员看来，政府对林合组织发展应该发挥作用与实际发挥作用之间存在明显差异。在信贷支持和基础设施完善方面，组织成员，认为政府应该发挥作用高出政府实际发挥作用10个百分点。

第四，对于政府作用状态的认知存在显著差异。大多数政府工作人员认为，政府作用适当；而大多数林合组织成员认为，政府在林合组织发展过程中存在管理缺位问题。

第五，对于政府管理林合组织方式的认知存在较大差异。多数林合组织成员认为，政府对林合组织管理应该以引导扶持为主；而多数政府工作人员认为，政府对林合组织管理方式应当以派人参与为主。

3. 认知度、服务度和参与度显著正向影响林合组织成员满意度

农户对林合组织认知度对其满意度影响最大，认知度不仅直接影响满意度，而且还通过参与度这一中介变量间接影响满意度；林合组织的服务度对农户的满意度也有较大影响。服务度不仅直接影响参与度，还通过认知度和参与度两个中介变量间接发挥作用，从而进一步提高服务度对满意度的影响；认知度和服务度正向影响参与度，服务度正向影响认知度。

4. 内部社会资本和组织认同对组织成员满意度有显著的正向影响

内部社会资本对合作社成员满意度有显著的正向影响。具体体现为内部信任、内部规范和社会网络三个测量内部社会资本的观测变量对成员满意度均具有显著的正向影响。

组织认同对成员满意度有显著的正向影响。合作社成员组织认同感的提升有利于增强他们对组织的归属感，并且能够降低成员与组织的交易成本。这有利于实现成员与合作社的共赢，在一定程度上提升

成员满意度。

5. 组织支持感是成员满意度的重要前因变量，但成员参与对组织支持感与成员满意度之间关系的调节效应存在一定的差异

研究结果表明，无论是情感支持还是生产支持，两者对成员满意度均具有显著正向影响。业务参与的高低会影响组织支持感与成员满意度之间的关系。提高生产支持感知，可以显著提升业务参与合作社成员的满意度，而对低业务参与合作社成员的满意度提升不明显。经济参与对组织支持感（情感支持和生产支持）与成员满意度之间关系没有起到显著调节作用。大部分成员对合作社经济参与较低，使经济参与变量难以有效地调节组织支持感与成员满意度之间的关系。管理参与对组织支持感（情感支持和生产支持）和成员满意度之间关系均起到显著调节作用。对于高管理参与成员，提高其情感支持感和生产支持感都可以增强其对合作社的满意度。

（二）满意度评价结论

本书满意度评价主要从农户与利益相关者两个层面进行分析。

1. 农户层面

（1）农户对林合组织的总体满意度处于基本满意稍偏高水平。农户对林合组织满意度的综合评价值为2.9578，处于“比较满意 =2”和“一般满意 =3”之间更接近“一般满意 =3”的水平。这反映出被调查区域的林合组织在服务提供、分配状况、管理运行等方面基本能满足农户需要，林合组织运行总体正常。

（2）农户对林合组织满意度的排序为：民主满意度 > 关系满意度 > 分配满意度 > 管理满意度 > 服务满意度。其中，民主满意度（2.2892）和关系满意度（2.6043）高于满意度的平均水平（2.9993），而分配满意度（3.0601）、管理满意度（3.4066）和服务满意度（3.6364）低于满意度的均值（2.9993）。

（3）在所有满意度指标中，农户对林合组织的服务满意度最低，对民主满意度最高。农户对林合组织提供的服务种类、服务次数和服务质量都不太满意，农户对其不满意的比重都在58%以上，其中农户对林合组织提供服务种类的不满意度高达76%。之所以农户对林合组

织的民主满意度水平最高，是因为当前林合组织在入社退社自由、一人一票制度、决策方式民主、尊重农户意愿等民主制度方面执行较好，农户也较为认同。

(4) 农户对林合组织的内部成员关系总体较为满意，合作社内部人心较齐，农户较为满意，满意比重高达91.34%，但合作社内部成员之间仍缺乏一定的信任，不满意比重为60.49%；农户对林合组织的分配状况处于基本满意水平，合作社内部收益分配公平状况是影响农户分配满意的主要因素；农户对林合组织的管理满意度不高，这是由于林合组织运行中还存在一些问题，比如，林合组织的信息公开透明状况还不高，林合组织的重大决策方式不够合理，农户与管理层沟通还不顺畅等。

2. 利益相关者层面

(1) 管理者满意度在所有利益相关者中处于最高水平。综合来看，管理者对现行的林合组织政策较为满意。

(2) 村委会对林合组织的满意度处于一般偏上水平。村委会认为，发展林合组织有利于森林资源管理，节约造林成本，增加营林收益。通过调查发现，部分林合组织是在政府部门的引导下由村干部牵头成立，如果能进一步协调好村委会和林合组织之间的关系，就可以为组织发展创造更好的外部发展环境。

(3) 农户对林合组织的民主满意度最高，对组织的服务满意度最低。林合组织的股东大会制度、一人一票制度、尊重农户意愿等民主制度执行较好，而林合组织服务次数较少和质量偏低，使林合组织在提高农户的生产技术水平和管理水平方面发挥的作用不够明显。

(4) 未加入林合组织农户的满意度在所有利益相关者中处于第二位。在涉林收入比较中，同等条件下加入组织的农户的林业收入要高于未加入组织的农户的林业收入。由于收入增加带来的激励，持观望态度和“搭便车”心理的未加入林合组织的农户数量逐渐减少，愿意加入林合组织的农户的数量不断增加。

(5) 组织领导对林合组织满意度最低。作为林合组织的领导，按照常理，他们应该对林合组织满意度较高。然而，在实际运行过程中，林合组织的发展效果在很多种情况下并没有达到组织领导的预期，林合组织的外部和内部发展环境还不尽如人意，这些都大大降低了林合组织领导的满意度。应该说，组织领导并不是对组织本身的不满意，多数情况下是对组织的外部发展环境等不满意。根据满意度评价结果可知，组织领导对林合组织政策扶持满意度较低，对林合组织本身抗风险能力也较为不满意。政府扶持资金对林合组织发展作用有限，林合组织在发展过程中缺乏财政专项资金支持，信贷渠道资金供应不足；林权抵押贷款存在申请难、额度低、审批慢等问题。

（三）案例分析结论

本书研究的案例主要从农户专业合作社和股份合作林场两个林合组织形式进行分析。

1. 服务满意度方面

合作社成员对合作社提供的服务种类最为满意，对合作社提供的服务次数和服务质量都不太满意。这主要是因为，合作社提供的服务次数和技术指导方式尚不能满足合作社成员的需要。

林场成员对林场提供的服务质量最为不满意，相比较而言，林场成员对林场的服务内容满意度较高。林场成员认为，林场提供的服务质量不够高，林场提供的服务次数和服务种类无法满足自己的需要。

2. 民主满意度方面

合作社成员对一人一票制度最为满意，其次为入社退社自由，成员对决策方式和尊重农户意愿方面满意程度较低。

林场成员对林场的民主决策方式不够满意。调查结果显示，林场成员参与林场重大事务的意愿程度总体较高，然而，大多数林场成员认为，林场的重大决策不是由林场成员投票决定而是由林场领导决定，林场成员的较高参与决策意愿与林场的重大事务不能由林场一般成员决定的矛盾必然导致林场成员对林场民主决策方式的不满意。

3. 分配满意度方面

合作社成员对合作社分配满意度总体来说不是很高。具体而言，合作社成员对收入分配公平方面最不满意。

林场成员对林场的分配公平满意度最高，但林场成员对成员的收入增长和分配制度两个方面都不是很满意。

4. 关系满意度方面

合作社成员对于合作社关系的满意度总体来说处于一般水平。合作社成员之间的相互信任水平较高，但合作社成员对成员之间的人际关系和谐程度不够满意。

与其他满意度相比，林场成员对成员之间的关系满意度最高。这主要是因为，林场成员之间没有明显的利益冲突，再加上林场成员之间相互合作的机会本来也不多，因此，林场成员之间的关系总体比较融洽。

5. 管理满意度方面

合作社成员对合作社的财务制度健全情况、与管理层沟通情况和重大决策方式三个方面满意度相对较低，而对合作社的信息公开透明状况较为满意。

成员对林场的财务制度健全情况最为满意，对成员与管理层的沟通情况最不满意。多数林场成员对林场发展有自己的想法，但大多数林场成员不愿意向相关领导表达自己的想法，这是因为，部分林场成员担心领导听不进去，还有部分成员担心没有机会和领导说。

二　研究结论归纳

（一）农户层面

1. 农户对林合组织的满意度存在一定的差异

农户对林合组织的总体满意度处于基本满意稍偏高水平，这反映被调查区域的林合组织在服务提供、分配状况、管理运行等方面基本能满足农户需要，林合组织运行总体正常。然而，农户对林合组织在民主、服务和分配等方面的满意度存在一定差异。农户对林合组织满意度的排序为：民主满意度 > 关系满意度 > 分配满意度 > 管理满意度 > 服务满意度。其中，农户对林合组织的民主满意度（2.2892）和关系满意度（2.6043）高于满意度的平均水平（2.9993），而分配满意度（3.0601）、管理满意度（3.4066）和服务满意度（3.6364）低于满意度的均值（2.9993）。

2. 农户对组织认知程度的高低直接影响其满意度水平

被调查区域的农民文化水平较低，农民接受新鲜事物的能力较弱。许多农户对林合组织没有很清晰的认识，对于加入林合组织能够给自己带来的好处持怀疑态度，对于林合组织究竟是如何运作的更是不清楚。一部分加入了林合组织的农户对于自己是否已经加入林合组织也搞不清楚，一些加入了林合组织的农户也说不清楚林合组织到底是什么。在已经成立的林合组织中，部分组织存在设立不规范的现象，有的农户专业合作社没有在工商部门注册登记，有的合作社只是挂了一个牌子，没有实质性的经营内容，没有真正地运作，甚至还有一些公司以“合作社”的名义进行经营。上述问题致使被调查区域出现一些“空壳”合作社或者名不副实的合作社，这些合作社的存在也使农户对合作社的发展产生了更多的疑惑。

3. 人口统计变量是影响成员满意度的重要变量

成员年龄、文化程度、社龄等人口统计特征对成员满意度都有显著影响。具体体现在：林合组织成员年龄与民主满意度呈正相关关系，林合组织成员年龄越大，对组织民主管理越满意；文化程度越高的组织成员对组织服务以及组织管理等方面更为不满意；加入林合组织的时间（社龄）与服务满意度呈显著负相关关系，与分配满意度变量呈显著正相关关系，即社龄越长，林合组织成员对组织提供的服务满意度越低，对组织的分配满意度水平越高；与组织领导、专业大户和村干部相比较，无论是民主满意度、服务满意度还是分配满意度，一般农户的满意度最低。

4. 利益相关者对林合组织的满意度存在一定差异

利益相关者满意度排序为：管理者、未加入林合组织的农户、村委会、加入林合组织的农户、林合组织的领导。具体体现在：管理者满意度在所有利益相关者中处于最高水平；未加入林合组织农户的满意度在所有利益相关者中处于第二位。在涉林收入比较中，同等条件下加入林合组织的农户的林业收入要高于未加入林合组织的农户的林业收入。由于收入增加带来的刺激，持观望态度和“搭便车”心理的未加入林合组织的农户数量逐渐减少，愿意加入林合组织农户的数量不断增加。村委会对林合组织的满意度处于一般偏上水平。农户对林合组织的民主满意度最高，对组织的服务满意度最低。林合组织的股东大会制度、一人一票制度、尊重农户意愿等民主制度执行较好，而林合组织服务次数较少和质量偏低，使林合组织在提高农户的生产技术水平和管理水平方面发挥的作用不够明显。组织领导对林合组织满意度最低，对林合组织政策扶持满意度较低，对林合组织本身抗风险能力也较为不满意。政府扶持资金对林合组织发展作用有限，林合组织在发展过程中缺乏财政专项资金支持，信贷渠道资金供应不足；林权抵押贷款存在申请难、额度低、审批慢等问题。

5. 内部社会资本和组织认同对成员满意度正向影响显著

第一，内部信任、内部规范和社会网络三个测量内部社会资本的具体变量对成员满意度均具有显著正向影响。组织内成员之间的相互信任可以增强成员之间的合作意愿，降低合作和监督成本，扩大成员间沟通交流，有利于实现成员之间的知识技术等信息共享，改善合作组织绩效，进而提升成员满意度。成员对组织的信任也有利于成员从心理上减少对组织各项制度和决策的抵抗，自觉约束和规范自己行为。组织在运行过程中形成的社会规范也会影响成员的合作行为，在相互合作过程中提高成员满意度。

第二，组织认同对成员满意度具有显著正向影响。组织认同高的成员在行为和思想等方面更容易与组织保持一致，增强对组织的归属感，从而有利于降低成员与组织的交易成本，实现成员与合作组织的共赢，提高成员满意度。

6. 组织支持感是成员满意度的重要影响因素

情感支持和生产支持对成员满意度均具有显著正向影响；成员参与对组织支持感和成员满意度之间关系的调节效应存在一定的差异。业务参与对生产支持和成员满意度之间关系起到显著调节作用，对情感支持和成员满意度之间关系没有起到显著调节作用；经济参与对组织支持感（情感支持和生产支持）和成员满意度之间关系没有起到显著调节作用；管理参与对组织支持感（情感支持和生产支持）和成员满意度之间关系均起到显著调节作用。

（二）组织层面

1. 林合组织管理制度不健全

一些林合组织内部管理制度和组织章程不健全。在林合组织的运行过程中，部分林合组织的章程形同虚设，没有根据本组织的实际情况制定章程，导致在实际操作过程中无法有效执行。还有一部分林合组织尽管也制定了较为完善的章程和管理制度，但是，在实际运行过程中也没有很好地执行，组织章程和规章制度只是流于形式。一些林合组织没有自己的财务人员，账目不清，财务混乱，以至于出现部分林合组织领导侵吞集体财产的现象。在民主管理方面，林合组织按照章程和规章制度开会的较少，重大事项也主要是由村干部或者林合组织领导说了算，听不进去其他成员的意见，部分林合组织监事会形同虚设，林合组织成员未能有效地享有自己的参与权和表决权。

2. 林合组织整体规模偏小，带动能力弱

从整体上看，调查样本区域的林合组织规模较小，实力较弱。具体表现在以下几个方面：

第一，从数量来看，云南省林合组织的数量只有农民专业合作社的 20%。

第二，从带动农户能力来看，云南省林合组织规模偏小，组织之间成员数差异较大，带动能力较弱。

第三，从服务范围上看，服务范围窄，服务种类较少。以腾冲县为例，大部分农户专业合作社以提供种植、收购、销售、技术服务等服务为主，较少提供加工等服务，能够提供生产、销售、加工一体化服务的林合组织更少。

第四，从服务区域来看，林合组织的服务范围基本局限在本村或邻近的几个村，能够提供本乡或者跨乡服务的较少。

3. 林下经济发展过程中林合组织作用没有充分发挥

一般而言，农民掌握的市场信息和销售经验都非常有限，再加上农民生产的林下产品没有统一的品牌，如果仅靠农民自己销售，势必在市场交易中处于弱势地位，无法有效地保证价格收益。在林下经济发展过程中，通过林合组织等专业组织的带动作用，构建和推广自己

的林下产品品牌，提高农户的组织化水平、抗风险能力和竞争水平，充分发挥林合组织的组织优势，可以从根本上解决分散农民的林下产品卖难问题，从而有效地保护农民的利益。

（三）政府层面

1. 政策扶持力度不够，部分政策落实不到位

近年来，国家和云南省出台了一系列促进林合组织发展的优惠政策，但是，这些政策力度还远远不够，更多的是在精神层面给予林合组织鼓励，给予资金扶持的较少。即使在某些项目下可能给予林合组织发展一些补助资金，但是，这些资金还远远不能满足林合组织发展的需要。一些林合组织需要上百万元的资金，但很难申请到低息贷款。另外，政府出台的一些政策没有很好地落实。比如，税收优惠政策在一些地方没有落实到位且各地执行政策不统一，也使得很多林合组织不敢或者不愿意建账，担心账目齐全后缴纳更多的税收。

2. 政府人员和组织成员对政府作用的认知存在显著差异

政府人员和组织成员对政府作用大小、政府实际发挥作用和应该发挥作用范围、政府作用状态、政府管理林合组织方式等方面的认知都存在显著差异。具体体现在以下五个方面：

（1）对于政府作用大小的认知存在显著差异。大多数林合组织成员认为，政府对林合组织发展发挥的作用不太大，而大多数政府工作人员认为，其对林合组织发展发挥的作用较大。

（2）对于政府应该发挥作用和实际发挥作用的认知都存在显著差异。政府工作人员认为，政府对林合组织发展应该发挥的作用主要体现在林合组织法律规范、财政激励和林合组织制度规范三个方面，林合组织成员认为，政府的作用应该主要体现在信贷支持、基础设施完善和技术培训三个方面。政府工作人员和林合组织成员对政府实际发挥作用的认知差异主要体现在技术培训、林合组织法律规范和财政激励三个方面。

（3）在林合组织成员看来，政府对林合组织发展应该发挥作用与实际发挥作用之间存在明显差异。在信贷支持和基础设施完善方面，组织成员认为，政府应该发挥作用高出政府实际发挥作用 10 个百分

点以上。

（4）对于政府作用状态的认知存在显著差异。调查结果显示，政府工作人员认为，政府作用适当的占77%；而68%的林合组织成员认为，政府在林合组织发展过程中存在管理缺位问题。

（5）对于政府管理林合组织方式的认知存在较大差异。53%的林合组织成员认为，政府对林合组织管理应该以引导扶持为主，而67%的政府工作人员认为，政府对林合组织管理方式应当以派人参与为主。

3. 政府在林合组织发展过程中的角色定位不清晰

调查样本区域的林合组织大多数是在当地政府支持下发展起来的，虽然在《合作社法》中明确规定，合作社应当遵循“成员地位平等，实行民主管理”的原则，但在林合组织的发展过程中，林合组织受到外部干预较多。在现阶段，不少政府工作人员仍然希望在一定程度上参与林合组织经营管理。在林合组织发展初期，政府需要发挥助推作用，应该更多地引导林合组织发展，而不是过多地参与林合组织管理，否则，林合组织发展会受到束缚。

第二节　满意度提升路径

一　农户层面

（一）提高自身文化水平，增强自身业务能力

一般来说，农户的文化素质水平直接影响农户的生产经营水平和他们对技术培训知识的吸收程度，进而影响其生产收入。因此，农户要通过各种途径提高自身的科学文化素养水平。在原有的知识水平基础上，可以通过网络学习、外出培训等多种继续教育途径，不断提高自己的知识积累和技术水平，进而可以增强自身的生产经营水平。

（二）积极参与组织管理，提高组织决策水平

在提高自身文化素养的基础上，农户可以积极参加林合组织的民主决策过程，提高自己参与林合组织民主决策与管理的能力，这既有

利于自己参政议政能力的提升，也有利于提高组织的管理和民主决策水平，进而实现林合组织的可持续发展与农户自身收入水平的增长。在此基础上，农户对林合组织的满意度也会随之增长。

（三）加强彼此沟通交流，增进相互信任关系

在较大规模的林合组织内，尤其是在跨区域的合作组织内，成员居住相对分散，相互之间的沟通交流与交往较少。组织成员通过彼此之间沟通交流，有利于实现成员之间的信息共享。通过相互交流与学习，还可以促进成员之间关系更加融洽，增强成员的组织认同感，进而提升林合组织成员的满意度。

二　组织层面

（一）完善内部管理体制，增强内部发展动力

第一，要制定和完善林合组织章程。应当按照林合组织的基本原则，坚持和完善民主管理制度。要处理好发展和规范之间的关系，在规范中发展，在发展中规范。建立和完善成员大会、理事会和监事会制度，定期召开成员大会会议，让林合组织成员充分参与林合组织经营管理，保障组织成员的主体地位，不断提升组织成员的组织认同感和满意度。

第二，要建立和健全林合组织内部的人事、财务等制度，加强林合组织财务管理，防止林合组织收益被部分人占有，让林合组织成员充分享受林合组织发展所带来的好处。

第三，要建立和完善利益分配机制。设计出一种公开、公平和公正的利益分配机制，使林合组织不至于成为少数人致富的手段，是林合组织在利益分配方面需要重点解决的问题。

（二）适度扩张组织规模，发挥规模经济效应

林合组织可以采取纵向一体化与横向一体化两种方式。在林合组织规模扩张初期，政府应该制定指导性意见对林合组织规模扩张行为进行规范，让各级相关部门和林合组织领导能够理性判断林合组织发展情况，以便选择合适的时机和路径扩张规模。现有的林合组织应该不断完善内部治理结构，逐渐扩大林合组织规模，进而打破行政村或乡的地域界线，建立跨村、跨乡甚至跨县的林合组织，不断提高林合

组织的规模和市场竞争力，为农户提供更多种类、更高质量的服务，为农户增收提供组织保障。

（三）注重成员差异需求，提高成员满意程度

首先，林合组织运行过程中应当充分考虑弱势群体——一般农户的感受，增强农户对林合组织民主决策及分配的参与率，提高其满意度。

其次，林合组织应当不断增强其服务功能，提高其对农户的吸引力，尤其是要注意听取社龄较短农户的意见，不断提高农户参与率。

再次，推动高文化程度成员参与林合组织管理比重，既可以发挥高文化程度成员的作用，又可以增强其对林合组织的满意度，从整体上提高成员满意度。

最后，林合组织应当不断规范内部治理结构，逐步提高成员收益，不断增强其对成员的吸引力，吸引更多农户加入。

（四）培育内部社会资本，增强成员组织认同

要提升组织成员对合作组织的满意度，合作组织应该注重培育内部社会资本，不断促进成员之间以及成员与领导之间相互信任，并通过开展丰富多彩的活动以加强成员之间的联系与交流，努力促进组织成员之间关系更加融洽。要提高成员组织认同感，一方面，可以考虑不断改善组织形象，加强对外宣传，不断统一成员认知；另一方面，采用更加人性化的管理方式，借鉴市场营销学中的客户关系管理方法，将对成员的标准服务与对部分成员差异性需要的个性化服务相结合，充分满足所有成员的需要。

（五）提升成员组织支持感，提高成员业务参与

林合组织要提升成员满意度，可以从增强合作社成员的组织支持感入手，可以考虑先从高业务参与成员入手，有重点、有区别地先增强高业务参与成员的生产支持感。如果林合组织在有精力的情况下，也要考虑增强对低业务参与成员的生产支持与情感支持。

除此以外，林合组织还可以从成员参与视角入手提高成员满意度。首先，不断提高林合组织大部分成员的经济参与程度，并通过提高合作社规模，充分发挥林合组织规模经济优势，让合作社大户能够

及时分享投资回报，可以显著提高林合组织成员总体满意度。其次，可以从提高林合组织成员管理参与度入手，尤其是对于那些低业务参与成员来说，他们与林合组织业务活动联系本来就不多，如果再不积极参与林合组织管理，他们在林合组织中就会不断被边缘化，对林合组织的满意度就会更低。

（六）完善民主决策机制，提高成员参与意愿

首先，进一步完善林合组织民主决策制度，鼓励合作组织成员积极参与林合组织管理，不断提高组织成员满意度。

其次，林合组织应当提高组织管理透明尺度，鼓励合作组织成员参与林合组织管理。

最后，应当建立阳光的信息公开制度，将组织运营、财务状况和利益分配状况定期或不定期地公开。

（七）鼓励合作组织创新，实现组织协同发展

鼓励和推进合作组织与外部组织联合模式的创新。在“合作社+基地”“合作社+龙头企业”等传统模式的基础上，探索建立“合作社+超市”“合作社+村两委”“合作社+支部”“合作社+家庭农场+龙头企业”等新的联合模式，以实现不同类型组织的优势互补和协同发展。总之，在不违背合作社的基本原则和服务社员根本宗旨的基本前提下，应当鼓励合作社在组织、管理和业态方面大胆探索和创新，尤其是在精准扶贫方面的创新、支持贫困户以土地承包经营权等多类型的资源资产入股合作社，并将社会帮扶资金、财政扶贫资金等各类资金折股量化到合作社成员账户，提高合作社成员的分红收益，带动贫困农户精准脱贫。

三　政府层面

（一）加大宣传培训力度，发挥示范带动作用

各级地方政府部门应当加大对林合组织相关知识的宣传力度。

首先，应当加强对林合组织核心成员的宣传培训，主要包括组织领导和林合组织大户，提高他们对林合组织的认识，提升林合组织领导的经营管理能力。只有林合组织的核心成员能够充分认识林合组织的优势与可能存在的问题，他们才能向其成员解答困惑。

其次，应当加强对组织成员的宣传培训，提高组织成员的合作意识，增强他们对林合组织的了解，让越来越多的农户自愿加入林合组织。

再次，政府应当定期选择和培养一批运行规范、特色明显、增收显著、带动作用大的林合组织作为典型加以推广和宣传，让林合组织周边更多的农户直观地感受到林合组织的好处，吸引和带动更多的农户加入，从而不断壮大林合组织规模，发挥组织规模优势，更好地促进组织发展和组织成员增收。

最后，省级政府可以建立省级示范社申报和认定的常规制度，对于符合条件的给予补助，从而促进更多的林合组织走向规范。

（二）加大政策支持力度，创造发展外部环境

第一，要继续对林合组织实行税费支持。对林合组织免征所得税和营业税，落实林合组织产品抵扣增值税的政策。

第二，要设立林业财政专项资金，对林合组织及其成员的农机具购买、生产性基础设施建设、技术培训、人才引进等给予一定补贴，给予林合组织在人才引进方面特殊优惠政策，让林合组织能够引进人才，并留得住人才。

第三，要鼓励政策性金融机构和商业银行设计一些针对林合组织的贷款方案，在林合组织的贷款手续简化、贷款利息减免和贷款期限延长等方面给予重点支持，优先审核和解决林合组织的贷款额度，及时解决林合组织在运营过程中的资金短缺问题。

第四，要安排专项资金定期对农户提供免费培训。应当每年安排一定额度的林业发展专项资金，定期邀请或安排有一定经验的技术专家进行科技下乡，让专家亲自到现场进行讲解和培训，提高培训的针对性和有效性；有计划、有组织地对农户进行技术等方面的培训，提升农户的素质水平和生产技能水平。

第五，要对开展标准化、规范化和规模化建设的林合组织予以一定的财政补贴，支持这些林合组织积极申请注册商标的地理标志，并积极申报绿色食品、有机食品、无公害产品和无公害基地认定，对申请成功的林合组织，按照申请获批的级别给予不同额度的奖励扶持。

（三）搭建信息沟通平台，提供利益诉求渠道

政府可以考虑搭建信息沟通平台，建立和完善沟通机制。一方面，政策制定者应当建立和完善沟通机制，为各利益相关者提供利益诉求渠道和平台，使成员与管理层及时沟通，充分发挥村委会的引导和监督职能。另一方面，政府还可以通过建立信访制度，保证沟通的顺畅和流通。

（四）采取差异扶持政策，不断缩小认知差异

首先，政府应当在信贷政策、基础设施完善和技术培训三个方面给予林合组织重点扶持。政府工作人员认为，政府对林合组织发展应该发挥的作用主要体现在林合组织法律规范、财政激励和林合组织制度规范三个方面；林合组织成员认为，政府的作用应该主要体现在信贷支持、基础设施完善和技术培训三个方面。政府工作人员和林合组织成员对政府实际发挥作用的认知差异主要体现在技术培训、林合组织法律规范和财政激励三个方面。

其次，政府在指导林合组织发展时，不应当采取“一刀切”的方式，而应当结合本地林合组织的成立年数和组织规模等实际情况采取差异化的措施。

（五）明确政府角色定位，合理把握扶持尺度

政府应该意识到林合组织及其成员的差异性需求，在不同的发展阶段，政府应该扮演的角色也应该有所差异。在林合组织发展初期，政府一方面应扮演助产士角色，借助补贴、优惠等政策支持组织发展；另一方面，政府应扮演激励者角色，借助宣传、教育、激励等手段，使行为主体更加活跃。在林合组织发展到一定阶段，政府应当适时退出，主要扮演监管者角色，制定政策和规则促进林合组织规范化和规模化发展。政府在对林合组织管理过程中应做到既不缺位也不越位，做到扶持而不干预，参与而不包办。这就需要政府根据林合组织及其成员的需要，采取相应的扶持政策，并有针对性地做好配套服务。在林合组织发展过程中，政府要坚持“民办、民管、民受益”的原则，正确掌握扶持和服务的“度”，既要避免发挥主体作用，又要避免采取放任自流的态度。

（六）加大监督监管力度，发挥组织示范作用

首先，对合作社示范社建设要形成制度化、可量化和动态化的评审和评价机制，积极引入退出机制，坚决淘汰不符合示范社标准的合作社，发挥示范社的引领作用。

其次，利用第三方审计监督示范社的运行和资金使用情况。政府不仅要加大对示范社运行情况的动态监测，还要积极引入第三方审计机构，加强对示范社承担的涉农项目和国家提供的财政扶持资金进行审计，使示范社的监管呈现常规化、制度化和专业化趋势，从源头上和过程中提高示范社的规范化，发挥示范社扶持政策的乘数效应和导向作用，构建示范社建设的长效机制。

附　　录

2010—2016 年“中央一号文件”关于农民合作组织发展的政策梳理

“中央一号文件”名称	文件内容
2010 年，《关于加大统筹城乡力度　进一步夯实农业农村发展基础的若干意见》	（1）新增农业补贴适当向种粮大户、农民专业合作社倾斜 （2）大力发展农民专业合作社，深入推进示范社建设行动，对服务能力强、民主管理好的合作社给予补助 （3）各级政府扶持的贷款担保公司要把农民专业合作社纳入服务范围，支持有条件的合作社兴办农村资金互助社。扶持农民专业合作社自办农产品加工企业 （4）规范集体林权流转，支持发展农户专业合作社
2011 年，《关于加快水利改革发展的决定》	大力发展农民用水合作组织
2012 年，《关于加快推进农业科技创新　持续增强农产品供给保障能力的若干意见》	（1）继续加大农业补贴强度，新增补贴向农民专业合作社倾斜 （2）引导农民专业合作社规范开展信用合作 （3）加大对种养大户、农民专业合作社、县域小型微型企业的信贷投放力度 （4）鼓励种子企业与农民专业合作社联合建立相对集中稳定的种子生产基地 （5）扶持农民专业合作社、供销合作社、专业技术协会、农民用水合作组织等社会力量广泛参与农业产前、产中、产后服务

续表

“中央一号文件”名称	文件内容
2012 年，《关于加快推进农业科技创新　持续增强农产品供给保障能力的若干意见》	充分发挥农民专业合作社组织农民进入市场、应用先进技术、发展现代农业的积极作用 (6) 加快培养村干部、农民专业合作社负责人等农村发展带头人 (7) 鼓励种养大户、农机大户、农机合作社购置大中型农机具 (8) 重点对农民专业合作社建设初加工和贮藏设施予以补助 (9) 支持生产基地、农民专业合作社在城市社区增加直供直销网点……扶持供销合作社、农民专业合作社等发展联通城乡市场的双向流通网络 (10) 推进示范社建设行动，促进农民专业合作社规范运行 (11) 支持农民专业合作社兴办农产品加工企业或参股龙头企业
2013 年，《关于加快发展现代农业，进一步增强农村发展活力的若干意见》	(1) 新增补贴向主产区和优势产区集中，向专业大户、家庭农场、农民合作社等新型生产经营主体倾斜 (2) 鼓励和支持承包土地向专业大户、家庭农场、农民合作社流转，发展多种形式的适度规模经营 (3) 实行部门联合评定示范社机制，分级建立示范社名录，把示范社作为政策扶持重点 (4) 在信用评定基础上对示范社开展联合授信，有条件的地方予以贷款贴息，规范合作社开展信用合作 (5) 建立合作社带头人人才库和培训基地，广泛开展合作社带头人、经营管理人员和辅导员培训，引导高校毕业生到合作社工作 (6) 落实设施农用地政策，合作社生产设施用地和附属设施用地按农用地管理 (7) 引导农民合作社以产品和产业为纽带开展合作与联合，积极探索合作社联社登记管理办法 (8) 抓紧研究修订农民专业合作社法 (9) 支持农民合作社、专业服务公司、专业技术协会、农民用水合作组织等为农业生产经营提供低成本、便利化、全方位的服务 (10) 发展专家大院、院县共建、农村科技服务超市、庄稼医院、“专业服务公司 + 合作社加农户”“涉农企业 + 专家 + 农户”等服务模式 (11) 加强农民合作社党建工作，完善组织设置

续表

“中央一号文件”名称	文件内容
2014年，《关于全面深化农村改革　加快推进农业现代化的若干意见》	(1) 积极发展农机作业、维修、租赁等社会化服务，支持发展农机合作社等服务组织 (2) 允许财政项目资金直接投向符合条件的合作社，允许财政补助形成的资产转交合作社持有和管护 (3) 推进财政支持农民合作社创新试点，引导发展农民专业合作社联合社 (4) 鼓励发展混合所有制农业产业化龙头企业，推动集群发展，密切与农户、农民合作社的利益联结关系 (5) 落实和完善相关税收优惠政策，支持农民合作社发展农产品加工流通 (6) 扶持发展农民用水合作组织、防汛抗旱专业队、专业技术协会、农民经纪人队伍 (7) 在管理民主、运行规范、带动力强的农民合作社和供销合作社基础上，培育发展农村合作金融 (8) 进一步加强农民合作社、专业技术协会等的党建工作，创新和完善组织设置，理顺隶属关系
2015年，《关于加大改革创新力度　加快农业现代化建设的若干意见》	(1) 推进合作社与超市、学校、企业、社区对接 (2) 引导农民专业合作社拓宽服务领域，促进规范发展，实行年度报告公示制度，深入推进示范社创建行动 (3) 引导农民以土地经营权入股合作社和龙头企业 (4) 稳妥开展农民合作社内部资金互助试点 (5) 鼓励发展农民用水合作组织，扶持其成为小型农田水利工程建设和管护主体 (6) 逐步完善覆盖农村各类生产经营主体方面的法律法规，适时修改农民专业合作社法
2016年，《关于落实发展新理念　加快农业现代化实现全面小康目标的若干意见》	(1) 积极培育家庭农场、专业大户、农民合作社、农业产业化龙头企业等新型农业经营主体，支持多种类型的新型农业服务主体开展代耕代种、联耕联种、土地托管等专业化规模化服务 (2) 积极扶持农民发展休闲旅游业合作社 (3) 支持供销合作社创办领办农民合作社，引领农民参与农村

续表

“中央一号文件”名称	文件内容
2016年，《关于落实发展新理念　加快农业现代化实现全面小康目标的若干意见》	产业融合发展、分享产业链收益 （4）鼓励发展股份合作，引导农户自愿以土地经营权等入股龙头企业和农民合作社，采取“保底收益＋按股分红”等方式，让农户分享加工销售环节收益 （5）加强农民合作社示范社建设，支持合作社发展农产品加工、流通和直供直销 （6）扩大在农民合作社内部开展信用合作试点的范围，健全风险防范化解机制 （7）完善集体林权制度，引导林权规范有序流转，鼓励发展家庭林场、股份合作林场

资料来源：根据2010—2016年“中央一号文件”整理。

林业专业合作组织满意度调查问卷（农户）

问卷编号：

201　年　省林业专业合作组织满意度调查问卷（农户表）

您好！我们是在校大学生，正在做一项科研调查，希望了解农户对我国农户合作社的满意度状况，您的回答有助于国家相关农林政策的完善，感谢您的支持与配合！回答没有正确和错误之分，请您根据自己的真实想法进行填写。

市（州、地区）______县（区）______乡（镇）______村

受访者姓名：

调查员姓名：

调查日期：

一 合作社满意度调查项目(A)(请在您认为合适的选项上画"√")

二级指标	三级指标	非常不满意	不太满意	一般	比较满意	非常满意
民主满意度	A1 一人一票制度					
	A2 入社退社自由					
	A3 决策方式民主					
	A4 尊重农户意愿					
服务满意度	A5 服务种类					
	A6 服务次数					
	A7 服务质量					
分配满意度	A8 收入增长状况					
	A9 分配制度健全					
	A10 收益分配公平					
管理满意度	A11 财务制度健全					
	A12 信息公开透明					
	A13 与管理层沟通					
	A14 决策方式合理					
关系满意度	A15 合作社内部人心齐					
	A16 成员人际关系和谐					
	A17 成员之间相互信任					

二 合作社满意度调查项目(B)(请在您认为合适的选项上画"√")

	完全不赞同	不太赞同	一般	比较赞同	完全赞同
B1 合作社成员大多数值得信任					
B2 合作社成员大多数正直可靠					
B3 合作社领导具有一定能力					
B4 合作社总体发展势头良好					
B5 加入合作社后，与其他成员合作加强					
B6 加入合作社后，生产交易时会考虑其他成员看法					
B7 加入合作社后，在涉及利益时会从合作社角度考虑					

续表

	完全不赞同	不太赞同	一般	比较赞同	完全赞同
B8 其他成员在做出不利于合作社的事情时我会提意见					
B9 加入合作社后，无形中影响到我的思想和行动					
B10 加入合作社后，与其他成员来往更加频繁					
B11 加入合作社后，有了更多的朋友					
B12 加入合作社后，参加村集体活动次数增加					
B13 遇到困难时，合作社其他成员会尽力帮助					
B14 合作社其他成员需要帮助时，我会尽力帮助					
B15 我很喜欢我的合作社					
B16 作为合作社的一部分，我比较自豪					
B17 我是合作社重要的一员					
B18 我会积极参与合作社活动					
B19 我非常关心合作社未来的发展					

三　合作社满意度调查项目(C)(请在您认为合适的选项上画“√”)

	完全不赞同	不太赞同	一般	比较赞同	完全赞同
C1 生活中遇到问题合作社能给予帮助					
C2 合作社能够考虑社员应得分配利益					
C3 合作社会给我特别帮助					
C4 合作社很少关心我					
C5 合作社关心我的生活状态					

续表

	完全不赞同	不太赞同	一般	比较赞同	完全赞同
C6 生产中遇到困难，容易从合作社获得帮助					
C7 合作社认同我的工作目标价值观					
C8 合作社做决策时考虑社员利益					
C9 合作社重视我的建议					
C10 合作社重视社员在生产中的满意度					
C11 加入合作社后，我经常把生产产品卖给合作社					
C12 加入合作社后，我经常从合作社购买生产资料					
C13 合作社经常给我提供信息或技术等生产服务					
C14 如果合作社开展生产技术培训，我会积极参加					
C15 我愿意向合作社增加投资比重					
C16 我会建议合作社其他成员增加投资					
C17 与大部分成员相比，我在合作社股份偏少					
C18 我会经常参加合作社成员会议					
C19 我会积极参加合作社选举活动					
C20 在合作社讨论重大事项时，我会积极发言					
C21 对合作社运营有想法时会积极和合作社沟通					

四　调查背景资料（D）（请在您认为合适的选项上画“√”）

D1. 您的性别：

①男　　②女

D2. 您的年龄：

①20 岁及以下　②21—30 岁　③31—40 岁

④41—50 岁　⑤50 岁以上

D3. 您的文化程度：

①未上学　②小学　③初中

④高中（中专）　⑤大专及以上

D4. 您加入合作社的时间：

①1 年及以下　②2—3 年　③4—5 年

④6 年及以上

D5. 您是：

①合作社领导　②专业大户　③一般农户

④村干部

D6. 您从事的主要工作是：

①务农　②务农兼打工

③务农兼工副业（如开商店等）　④长期在外打工

⑤固定收入者（如村干部、教师等）　⑥其他（请说明）

D7. 您的家庭主要收入来源：

①打工　②做生意　③农业生产

④林业生产　⑤财产性收入　⑥其他

（注：财产性收入主要包括房屋、机械、耕地、林地租赁等收入）

D8. 您家的林地面积共________亩？

D9. 您家非农收入比重大概占？

①25% 以下　②25%—50%

③50%—75%　④75% 以上

D10. 您家林业收入占家庭总收入的比重大概是多少？

D11. 您所在的合作社是否由大户发起？

①大户发起　②非大户发起

D12. 您所在的合作社成立年数为：

①1 年及以下　②2—3 年

③4—5 年　　　　　　④6 年及以上

D13. 您认为所在合作社的组织制度是否健全？

①健全　　　　　　②不健全

D14. 您是否是村干部？

①是　　　　　　②否

D15. 未来两年您是否会退出合作社？

①肯定不会　　　　②不大可能　　　　③有可能

④可能性较大　　　⑤很可能

再次感谢您的大力支持！

调查员：　　　　　　　　　　　　　　访问时间：

复核员：　　　　　　　　　　　　　　复核时间：

林业专业合作组织满意度调查问卷（利益相关者）

201　年　省林业专业合作组织满意度调查问卷（利益相关者表）

您好！我们是在校大学生，正在做一项科研调查，希望了解农户对我国林业专业合作组织的满意度状况，您的回答有助于国家相关农林政策的完善，感谢您的支持与配合！回答没有正确和错误之分，请您根据自己的真实想法进行填写。

市（地区）______县（区）______乡（镇）______村

受访者姓名：

调查员姓名：

调查日期：

第一部分　针对林区农户的调查表

一　家庭情况

（一）2014 年农户家庭成员基本情况

姓名							
性别							
年龄							
文化程度							
是否担任过村干部及职务							
工作性质（务农、兼业和非农职业）							

（二）林地、林木基本信息

1. 您家拥有（或经营）林地________亩，共有林地________块。

2. 家庭收入来源

单位：元

家庭总收入	农业种植业收入	外出打工收入	个体工商经营收入	政府发放的扶贫款	林业收入	政府其他补贴或补偿				其他收入
						涉农补贴	退耕补助			

二　林区普通农民问卷调查表

1. 您较为了解林业专业合作组织或农民合作社。

　□完全不赞同　□不太赞同　□一般　□比较赞同　□完全赞同

2. 您家经营的主要对象与林业有关。

　□完全不赞同　□不太赞同　□一般　□比较赞同　□完全赞同

3. 您对现阶段家庭林业经营的现状较为满意。

　□完全不赞同　□不太赞同　□一般　□比较赞同　□完全赞同

4. 发展林业需要合作组织。

□完全不赞同 □不太赞同 □一般 □比较赞同 □完全赞同

5. 您参加林业专业合作组织的意愿程度。

□很不愿意 □不太愿意 □一般 □基本愿意 □非常愿意

6. 您对本地林业发展环境的现状满意程度。

□很不满意 □不太满意 □一般 □比较满意 □很满意

7. 村委会对林地的管理较好。

□完全不赞同 □不太赞同 □一般 □比较赞同 □完全赞同

8. 您希望从林业专业合作组织中获得技术培训。

□完全不赞同 □不太赞同 □一般 □比较赞同 □完全赞同

9. 您希望从林业专业合作组织中得到优惠的农资。

□完全不赞同 □不太赞同 □一般 □比较赞同 □完全赞同

10. 您希望从林业专业合作组织中得到稳定的产品收购。

□完全不赞同 □不太赞同 □一般 □比较赞同 □完全赞同

11. 您愿意加入股份制合作组织吗？

□很不愿意 □不太愿意 □一般 □基本愿意 □非常愿意

12. 您愿意入股合作组织吗？

□很不愿意 □不太愿意 □一般 □基本愿意 □非常愿意

13. 您认为加入林业专业合作组织是否要有一定条件的限制？

□完全不赞同 □不太赞同 □一般 □比较赞同 □完全赞同

14. 您赞同一人一票制的民主选举吗？

□完全不赞同 □不太赞同 □一般 □比较赞同 □完全赞同

15. 您是否愿意带头组建林业专业合作组织？

□很不愿意 □不太愿意 □一般 □基本愿意 □非常愿意

16. 如果不愿意，请问您不愿意的原因是（可多选）：

□风险太大 □能力不足 □自身经营规模小，收益不高

17. 您对加入合作组织的满意程度。

□很不满意 □不太满意 □一般 □基本满意 □非常满意

18. 您加入合作组织后家庭增收显著。

□完全不赞同 □不太赞同 □一般 □比较赞同 □完全赞同

19. 您对林业专业合作组织最大的期待是什么？

____

第二部分　针对林区管理者和专业合作组织的调查

一　林区管理者

1. 国家有必要大力支持和投入经费支持林业专业合作组织。

□完全不赞同　□不太赞同　□一般　□比较赞同　□完全赞同

2. 国家需要制定一个完整的林业专业合作组织的政策框架。

□完全不赞同　□不太赞同　□一般　□比较赞同　□完全赞同

3. 林业合作组织应该在政府部门引导下并由村干部牵头成立。

□完全不赞同　□不太赞同　□一般　□比较赞同　□完全赞同

4. 合作组织的建立有助于帮助村委会管理森林资源管理和节约造林成本。

□完全不赞同　□不太赞同　□一般　□比较赞同　□完全赞同

5. 村委会应当对合作组织的经营行为进行监督和管理。

□完全不赞同　□不太赞同　□一般　□比较赞同　□完全赞同

6. 当地林业专业合作组织的发展改善了当地生态环境。

□完全不赞同　□不太赞同　□一般　□比较赞同　□完全赞同

二　农户专业合作社调查表

1. 贵合作社的名称是______________________________。

2. 贵合作社成立的时间是____________________________。

3. 资金问题是影响合作社发展的关键问题。

□完全不赞同　□不太赞同　□一般　□比较赞同　□完全赞同

4. 技术问题是影响合作社发展的关键问题。

□完全不赞同　□不太赞同　□一般　□比较赞同　□完全赞同

5. 合作社规模问题是影响合作社发展的关键问题。

□完全不赞同　□不太赞同　□一般　□比较赞同　□完全赞同

6. 合作社获得的政策支持太少。

□完全不赞同　□不太赞同　□一般　□比较赞同　□完全赞同

7. 林权抵押贷款较难获取。

□完全不赞同　□不太赞同　□一般　□比较赞同　□完全赞同

8. 我所在的合作社已经有明确的组织管理体系。

□完全不赞同　□不太赞同　□一般　□比较赞同　□完全赞同

9. 合作社能否成功很大程度上取决于合作社的领导。

□完全不赞同　□不太赞同　□一般　□比较赞同　□完全赞同

10. 合作社应当定期向全体社员公开财务和运营状况。

□完全不赞同　□不太赞同　□一般　□比较赞同　□完全赞同

11. 合作社的监事会应由政府人员、村委会成员和合作社成员共同构成。

□完全不赞同　□不太赞同　□一般　□比较赞同　□完全赞同

12. 您认为您所在的合作社成员的总体满意度情况如何?

□非常不满意　□不太满意　□一般　□比较满意　□非常满意

再次感谢您的大力支持!

调查员:　　　　　　　　　　　　　　访问时间:

复核员:　　　　　　　　　　　　　　复核时间:

股份合作林场成员满意度调查问卷

尊敬的女士/先生:

您好!我们是在校大学生，正在做一项科研调查，希望了解林场成员对股份合作林场的满意度状况，您的回答有助于相关国家农(林)业政策的完善，感谢您的支持与配合!回答没有正确和错误之分，请您根据自己的真实想法进行填写。请您根据自己的判断，选择合适的选项并在所选择题项的序号上画“√”。

课题组

1. 您所在的林场提供的服务主要包括哪些?

①森林抚育　②森林防火　③森林防盗　④林木采伐

⑤林木销售　⑥造林　⑦病虫害防治　⑧技术培训

2. 您所在的林场每年提供的服务次数大概为多少次？

①1—3 次　②4—6 次　③7—9 次　④9 次以上

3. 您对林场提供的服务次数满意度如何？

①非常不满意　②不满意　③一般　④满意　⑤非常满意

4. 您对林场提供的服务内容满意度如何？

①非常不满意　②不满意　③一般　④满意　⑤非常满意

5. 您对林场提供的服务质量满意度如何？

①非常不满意　②不满意　③一般　④满意　⑤非常满意

6. 您对加入林场后的收入增长情况满意度如何？

①非常不满意　②不满意　③一般　④满意　⑤非常满意

7. 您对林场的收入分配制度健全情况满意度如何？

①非常不满意　②不满意　③一般　④满意　⑤非常满意

8. 您对林场的收入分配公平情况满意度如何？

①非常不满意　②不满意　③一般　④满意　⑤非常满意

9. 您对林场的民主决策方式满意度如何？

①非常不满意　②不满意　③一般　④满意　⑤非常满意

10. 您是否愿意参与林场重大事务的决策？

①非常不愿意　②不愿意　③一般　④愿意　⑤非常愿意

11. 林场的重大决策事务一般是由谁说了算？

①村民投票　②林场场长　③林场领导　④不清楚

12. 您是否有过退出林场的想法？

①有过　②没有

13. 您对林场的财务制度健全情况满意度如何？

①非常不满意　②不满意　③一般　④满意　⑤非常满意

14. 您对林场的信息公开情况满意度如何？

①非常不满意　②不满意　③一般　④满意　⑤非常满意

15. 您对与林场的管理层沟通情况满意度如何？

①非常不满意　②不满意　③一般　④满意　⑤非常满意

16. 您对林场的发展是否有自己的想法？

①有　　②没有

17. 在对林场的发展有想法时，您是否想过找林场场长或者其他领导表达？

①是　　②否

18. 在对林场的发展有想法时，您不愿意向相关领导表达的主要原因是：

①没有机会和领导说　　②担心领导听不进去

③怕领导有不好的想法　　④怕其他村民说自己

19. 您对林场内部村民之间人际关系的和谐情况满意度如何？

①非常不满意　②不满意　③一般　④满意　⑤非常满意

20. 您对林场内部村民之间的合作情况满意度如何？

①非常不满意　②不满意　③一般　④满意　⑤非常满意

21. 您对林场内部村民之间的相互信任情况满意度如何？

①非常不满意　②不满意　③一般　④满意　⑤非常满意

22. 您的性别：

①男　　②女

23. 您的年龄：

①20 岁及以下　②21—30 岁　③31—40 岁　④41—50 岁

⑤50 岁以上

24. 您的文化程度：

①未上学　②小学　③初中　④高中（中专）

⑤大专及以上

25. 您在林场中的主要身份：

①林场领导　②一般村民

26. 您从事的主要工作是：

①务农　②务农兼打工　③务农兼工副业（如开商店等）

④长期在外打工　⑤固定收入者（如村干部、教师等）

⑥其他（请说明）

27. 您的家庭主要收入来源：

①打工　②做生意　③农业生产

④林业生产　　⑤财产性收入　　⑥其他

（注：财产性收入主要包括房屋、机械、耕地、林地租赁等收入）

28. 您家的林地面积共________亩？

再次感谢您的大力支持！

调查员：　　　　　　　　　　　　　　　　访问时间：

复核员：　　　　　　　　　　　　　　　　复核时间：

政府在林业专业合作组织发展中作用认知调查问卷

尊敬的女士/先生：

您好！我们是在校大学生，正在做一项科研调查，希望了解农户对我国林业专业合作组织（以下简称林合组织）的满意度状况，您的回答有助于相关国家农（林）业政策的完善，感谢您的支持与配合！回答没有正确和错误之分，请您根据自己的真实想法进行填写。

课题组

注意：请您根据自己的身份（林合组织成员或政府工作人员），选择合适的选项并在您所对应身份后面题项的序号上画“√”。

1. 您认为政府对林合组织发展的作用大小情况如何？

①完全没有作用　②不太大　③一般　④较大　⑤非常大

林合组织成员：①　②　③　④　⑤

政府工作人员：①　②　③　④　⑤

2. 在林合组织发展方面，您认为政府应该发挥哪些作用？（可多选）

①财政激励　②信贷扶持　③技术培训　④人才培训

⑤信息提供　⑥基础设施完善　⑦林合组织制度规范

⑧林合组织法律规范

林合组织成员：①　②　③　④　⑤　⑥　⑦　⑧

政府工作人员：① ② ③ ④ ⑤ ⑥ ⑦ ⑧

3. 在林合组织发展方面，您认为政府已经发挥哪些作用？（可多选）

①财政激励 ②信贷扶持 ③技术培训 ④人才培训

⑤信息提供 ⑥基础设施完善 ⑦林合组织制度规范

⑧林合组织法律规范

林合组织成员：① ② ③ ④ ⑤ ⑥ ⑦ ⑧

政府工作人员：① ② ③ ④ ⑤ ⑥ ⑦ ⑧

4. 您认为政府对林合组织发展作用处于以下哪种状态？

①作用适当 ②存在越位问题 ③存在缺位问题 ④既存在越位也存在缺位

林合组织成员：① ② ③ ④

政府工作人员：① ② ③ ④

5. 您认为政府应该如何管理林合组织？

①政府应当引导扶持林合组织经营管理

②政府应当派有关人员作为负责人参与林合组织经营管理

③政府应当完全不参与林合组织任何事务

林合组织成员：① ② ③

政府工作人员：① ② ③

注意：问卷以下部分仅为林合组织成员填写，政府工作人员不用填写。

6. 您对政府给予林合组织的指导和扶持工作满意程度如何？

①非常不满意 ②不太满意 ③一般 ④比较满意 ⑤非常满意

7. 您所在的林合组织成立年数：

①初创阶段（1—5 年） ②成长阶段（6—10 年）

③成熟阶段（10 年以上）

8. 您所在的林合组织规模：

①小（林合组织成员在 50 户以内）

②中（林合组织成员在 51—100 户）

③大（林合组织成员在 100 户以上）

9. 您的性别：

①男　　②女

10. 您的年龄：

①20 岁及以下　②21—30 岁　③31—40 岁

④41—50 岁　⑤50 岁以上

11. 您的文化程度：

①未上学　②小学　③初中

④高中（中专）　⑤大专及以上

12. 您加入林合组织的时间：

①1 年及以下　②2—4 年　③5—7 年

④8 年及以上

13. 您的主要身份是：

①林合组织成员

②政府工作人员（不包括林合组织成员）

再次感谢您的大力支持！

调查员：　　　　访问时间：

复核员：　　　　复核时间：

参考文献

1. Adams, J. S. , *Inequity in Social Exchange*. In L. Berkowitz (ed.), *Advances in Experimental Social Psychology* [M]. New York: Academic Press, 1965 (2), pp. 267 – 299.

2. Adler, P. S. , Kwon, S. W. , Social Capital: Prospects for a New Concept [J] . *Academy of Management Review*, 2002 (1), pp. 17 – 40.

3. Ahuja, G. , The Duality of Collaboration: Inducements and Opportunities in the Formation of Inter – firm Linkages [J] . *Strategic Management Journal*, 2000, 21 (3), pp. 317 – 343.

4. Bruynis, C. , Goldsmith, P. , Hahn, D. E. et al. , Key Success Factors for Emerging Agricultural Marketing Cooperatives [J] . *Journal of Cooperatives*, 2001 (16), pp. 14 – 24.

5. Cheney, G. , Tompkins, P. K. , Coming to Terms with Organizational Identification and Commitment [J] . *Communication Studies*, 1987, 38 (1), pp. 1 – 15.

6. Clarksonm, B. E. , Deck, M . C. , *Effective Codes of Ethics: A Stakeholder Approach* [M]. Toronto, Canada: The Clarkson Centre For Business Ethics, 1992, pp. 38 – 42.

7. Cook, M. L. , Burress, M. J. , The Impact of CEO Tenure on Cooperative Govemance [J] . *Managerial & Deasion Economics*, 2013, 34 (3 – 5), pp. 218 – 229.

8. Dakurah, H. A. , Goddard, E. , Osuteye, N. , Attitudes towards and Satisfaction with Cooperatives in Alberta: A Survey Analysis [C]. American Agricultural Economics Association Annual Meeting, Provi-

dence, Rhode Island, July 2005, pp. 24 - 27.

9. Damanpour, F., Gopalakrishnan, S., Theories of Organizational Structure and Innovation Adoption: The Role of Environmental Change [J]. *Journal of Engineering and Technology Management*, 1998, 15 (1), pp. 1 - 24.

10. Dick, R., Wagner, U., Stellmacher, J. et al., The Utility of a Broader Conceptualization of Organizational Identification: Which Aspects Really Matter? [J]. *Journal of Occupational and Organizational Psychology*, 2004, 77 (2), pp. 171 - 191.

11. Dimmocka, J. A., Grovea, J. R., Eklunda, R. C., Reconceptualizing Team Identification: New Dimensions and Their Relationship to Intergroup Bias [J]. *Group Dynamics Theory Research & Practice*, 2005, 9 (2), pp. 75 - 86.

12. Dolen, W. V., Lemmink, J., Mattsson, J., Rhoen, I., Affective Consumer Responses in Service Encounters: The Emotional Content in Narratives of Critical Incidents [J]. *Journal of Economic Psychology*, 2001, 22 (3), pp. 359 - 376.

13. Dukerich, J. M., Golden, B. R., Shortell, S. M., Beauty is in the Eye of the Beholder: The Impact of Organizational Identification, Identity and Image on the Cooperative Behaviors of Physicians [J]. *Administrative Science Quarterly*, 2002, 47 (3), pp. 507 - 533.

14. Eisenberger, R., Huntington, R., Hutchison, S., Sowa, D., Perceived Organizational Support [J]. *Journal of Applied Psychology*, 1986, 71 (3), pp. 500 - 507.

15. Fan, S. G., Investment or Subsidies: Where should China be Heading? [A]. Sonntag, B. H., Huang, J., Rozelle, S. et al., China's Agricultural and Rural Development in the Early 21st Century [C]. Canberra: Australian Centre for International Agricultural Research, 2005, pp. 29 - 46.

16. Fornell, C., Larcker, D. F., Evaluating Structural Equation Models

with Unobservable Variables and Measurement Error [J]. *Journal of Marketing Research*, 1981 (1), pp. 39 - 50.

17. Gouldner, A. W., The Norm of Reciprocity: A Preliminary Statement [J]. *American Sociological Review*, 1960, 25 (2), pp. 161 - 178.

18. Gray, T. W., Kraenzle, C. A., Member Participation in Agricultural Cooperatives: A Regression and Scale Analysis [R]. RBS Research Report 165. Washington D. C.: US Department of Agriculture, Rural Business - Cooperative Service, 1998.

19. Hansen, M. H., Morrow, J. L. Jr., Batista, J. C., The Impact of Trust on Cooperative Membership Retention, Performance and Satisfaction: An Exploratory Study [J]. *The International Food and Agribusiness Management Review*, 2002 (1), pp. 41 - 59.

20. Hellman, C. M., Worker Attachment and Workplace Authority [J]. *Americans Psychology*, 1997, 137 (6), pp. 677 - 689.

21. Jacobides, M. G., The Architecture and Design of Organizational Capabilities [J]. *Industrial and Corporate Change*, 2006, 15 (1), pp. 151 - 171.

22. Judge, T. A., Bretz, R. D. Jr., Political Influence Behavior and Career Success [J]. *Journal of Management*, 1994, 20 (1), pp. 43 - 65.

23. Konovsky, M. A., Pugh, S. D., Citizenship Behavior and Social Exchange [J]. *Academy of Management Journal*, 1994, 37 (3), pp. 656 - 669.

24. Kwak, C., Chung, B. Y., Xu, Y., Eun-Jung, C., Relationship of Job Satisfaction with Perceived Organizational Support and Quality of Care among South Korean Nurses: A Questionnaire Survey [J]. *International Journal of Nursing Studies*, 2010, 47 (10), pp. 1292 - 1298.

25. Lascio, L., Gisolfi, A., Albunia, A. et al., A Fuzzy-Based Methodology for the Analysis of Diabetic Neuropathy [J]. *Fuzzy Sets and Systems*, 2002, 129 (2), pp. 203 - 228.

26. Luhmann, N. , *Trust, and Power* [M]. New York: Wiley, 1979.

27. Mael, F. , Ashforth, B. E. , Alumni and their Alma Mater: A Partial Test of the Reformulated Model of Organizational Identification [J]. *Journal of Organizational Behavior*, 1992, 13 (2), pp. 103 - 123.

28. March, J. G. , Simon, H. A. , *Organizations* [M]. New York: Wiley, 1958.

29. McAllister, D. J. , Affect - and Cognition - Based Trust as Foundations for Interpersonal Cooperation in Organizations [J]. *Academy of Management Journal*, 1995 (1), pp. 24 - 59.

30. Mignonac, K. , Herrbach, O. , Guerrero, S. , The Interactive Effects of Perceived External Prestige and need for Organizational Identification on Turnover Intentions [J]. *Journal of Vocational Behavior*, 2000, 69 (3), pp. 477 - 493.

31. Miller, K. L. , Monge, P. R. , Participation, Satisfaction and Productivity: A Meta - Analytic Review [J]. *Academy of Management Journal*, 1986, 29 (4), pp. 727 - 753.

32. Muse, L. A. , Stamper, C. L. , Perceived Organizational Support: Evidence for a Mediated Association with Work Performance [J]. *Journal of Managerial Issues*, 2007, 19 (4), pp. 517 - 535.

33. Nilsson, J. , Kihlén, A. , Norell, L. , Are Traditional Cooperatives an Endangered Species? About Shrinking Satisfaction, Involvement and Trust [J]. *International Food and Agribusiness Management Review*, 2009, 12 (4), pp. 103 - 123.

34. Österberg, P. , Nilsson, J. , Members' Perception of their Participation in the Governance of Cooperatives: The Key to Trust and Commitment in Agricultural Cooperatives [J]. *Agribusiness*, 2009, 25 (2), pp. 181 - 197.

35. Patchen, M. , *Participation Achievement and Involvement on the Job* [M]. Englewood Cliffs, NJ: Prentice-Hall, 1970.

36. Porter, L. W. , Steers, R. M. , Mowday, R. T. et al. , Organization-

al Commitment, Job Satisfaction, and Turnover among Psychiatric Technicians [J]. *Journal of Applied Psychology*, 1974, 59 (5), pp. 603 – 609.

37. Pratt, M. G., *To Be or Not to Be: Central Questions in Organizational Identification* [M]. Thousand Oaks: Sage Publications, 1998.

38. Putnam., R. D., Leonardi, R., Nanetti, R. Y., *Making Democracy Work: Civic Traditions in Modern Italy* [M]. Princeton: Princeton University Press, 1993.

39. Rhoades, L., Eisenberger, R., Perceived Organizational Support: A Review of the Literature [J]. *Journal of Applied Psychology*, 2002, 87 (4), pp. 698 – 714.

40. Sadiq, R., Husain, T., Veitch, B. et al., Risk-Based Decision-Making for Drilling Waste Discharges Using a Fuzzy Synthetic Evaluation Technique [J]. *Ocean Engineering*, 2004, 31 (16), pp. 1929 – 1953.

41. Sexton, R. J., Iskow, J., Factors Critical to the Success or Failure of Emerging Agricultural Cooperatives [R]. University of California, Davis, Giannini Foundation, 1988.

42. Van Dick, R., Wagner, U., Stellmacher, J., Christ, O., The Utility of a Broader Conceptualization of Organizational Identification: Which Aspects really Matter? [J]. *Journal of Occupational and Organizational Psychology*, 2004, 77 (2), pp. 171 – 191.

43. Wayne, S. J., Shore, L. M., Bommer, W. H. et al., The Role of Fair Treatment and Rewards in Perceptions of Organizational Support and Leader-Member Exchange [J]. *Journal of Applied Psychology*, 2002, 87 (3), pp. 590 – 598.

44. Wayne, S. J., Shore, L. M., Liden, R. C., Perceived Organizational Support and Leader-Member Exchange: A Social Exchange Perspective [J]. *Academy of Management Journal*, 1997, 40 (1), pp. 82 – 111.

45. 宝贡敏、徐碧祥：《组织内部信任理论研究述评》，《外国经济与管理》2006 年第 12 期。
46. 布劳：《社会生活中的交换与权力》，华夏出版社 1988 年版。
47. 蔡秀玲：《农业小规模经营与交易成本初探》，《当代经济研究》2003 年第 1 期。
48. 陈春花、宋一晓、曹洲涛：《组织支持资源影响员工幸福感的内在机理：基于视睿科技的案例研究》，《管理学报》2014 年第 2 期。
49. 陈进、陈复东、庞振月：《创新农业经营体制的新视角——积极发展综合性农民社区合作社》，《农民日报》2013 年 6 月 18 日第 3 版。
50. 陈晓萍、徐淑英、樊景立：《组织与管理研究的实证方法》，北京大学出版社 2013 年版。
51. 褚颖、刘源：《日本农协的发展经验——与河南省农民合作组织的发展比较》，《世界农业》2012 年第 6 期。
52. 崔宝玉、谢煜：《农民专业合作社："双重控制"机制及其治理效应》，《农业经济问题》2014 年第 6 期。
53. 邓衡山、徐志刚、柳海燕：《中国农民专业合作经济组织发展现状及制约因素分析：基于全国 7 省 760 个村的大样本调查》，《现代经济探讨》2010 年第 8 期。
54. 邓宏图、鹿媛媛：《同质性农户、异质性大户、基层政府与合作社——经济解释与案例观察》，《中国经济问题》2014 年第 4 期。
55. 付俊文、赵红：《利益相关者理论综述》，《首都经济贸易大学学报》2006 年第 2 期。
56. 高强、张照新：《日本、韩国及中国台湾信用合作运行模式、发展经验与启示》，《中国农村经济》2015 年第 10 期。
57. 顾艳红、张大红：《林业合作组织的利益分配机制研究——以"公司 + 林业合作组织 + 农户"模式为例》，《林业经济》2012 年第 9 期。
58. 郭富青：《西方国家合作社公司化趋向与我国农民专业合作社法的回应》，《农业经济问题》2007 年第 6 期。

59. 郭红东、袁路明、林迪：《影响社员对合作社满意度因素的分析》，《西北农林科技大学学报》（社会科学版）2009 年第 5 期。
60. 国鲁来：《促进农民专业合作社的规范发展》，《中国经贸导刊》2008 年第 5 期。
61. 国鲁来：《合作社的经营规模与组织效率》，《农村经营管理》2005 年第 9 期。
62. 何安华：《土地股份合作机制与合作稳定性——苏州合作农场与土地股份合作社的比较分析》，《中国农村观察》2015 年第 5 期。
63. 何安华、孔祥智：《林业专业合作社发展与林权抵押贷款担保：以浙江丽水市创新竹木专业合作社为例》，《林业经济问题》2009 年第 8 期。
64. 黄丽萍：《林业专业合作经济组织内部契约选择初探——以福建尤溪“护林联防协会”为例》，《西北农林科技大学学报》（社会科学版）2009 年第 3 期。
65. 黄胜忠、林坚、徐旭初：《农民专业合作社治理机制及其绩效实证分析》，《中国农村经济》2008 年第 3 期。
66. 黄岩、陈泽华：《信任、规范与网络：农民专业合作社的社会资本测量——以江西 S 县隆信渔业合作社为例》，《江汉论坛》2012 年第 8 期。
67. 黄勇、尹少华：《基于参与式理论的湖南林业合作组织发展对策探讨》，《林业经济问题》2010 年第 5 期。
68. 黄祖辉、扶玉枝、徐旭初：《农民专业合作社的效率及其影响因素分析》，《中国农村经济》2011 年第 7 期。
69. 黄祖辉、徐旭初、冯冠胜：《农民专业合作组织发展的影响因素分析——对浙江省农民专业合作组织发展现状的探讨》，《中国农村经济》2002 年第 3 期。
70. 冀县卿、钱忠好：《农地股份合作社农地产权结构创新——基于江苏渌洋湖土地股份合作社的案例研究》，《农业经济问题》2010 年第 5 期。
71. 季湘铭：《发达地区农户参与农民专业合作社的意愿及满意度的

影响因素分析》，硕士学位论文，浙江大学，2010 年。
72. 孔露、张红丽：《农户对合作社服务功能满意度的影响因素分析——基于对宜昌市部分柑橘专业合作社的调查》，《中国南方果树》2016 年第 1 期。
73. 孔祥智、陈丹梅：《林业合作经济组织研究——福建永安和邵武案例》，《林业经济》2008 年第 5 期。
74. 孔祥智、何安华、史冰清等：《关于集体林制度改革和林业合作经济组织建设——基于三明市、南平市、丽水市的调研》，《林业经济》2009 年第 5 期。
75. 孔祥智：《全面推进农民合作社发展》，《中国农民合作社》2014 年第 1 期。
76. 孔祥智、蒋忱忱：《成员异质性对合作社治理机制的影响分析——以四川省井研县联合水果合作社为例》，《农村经济》2010 年第 9 期。
77. 兰思仁、郑天汉：《关于福建省林业合作经济组织发展的思考》，《林业经济》2011 年第 12 期。
78. 雷瑶、孔凡斌：《林业专业合作组织研究进展》，《世界林业研究》2011 年第 5 期。
79. 黎藜、刘开华：《农民专业合作社持续发展影响因素的实证分析——以重庆市为例》，《西南师范大学学报》（自然科学版）2015 年第 12 期。
80. 李冰冰、王曙光：《社会资本、乡村公共品供给与乡村治理——基于 10 省 17 村农户调查》，《经济科学》2013 年第 3 期。
81. 李大治、王二平：《公共政策制定程序对政策可接受性的影响》，《心理学报》2007 年第 6 期。
82. 李建平、肖琴、周振亚：《中国农作物转基因技术风险的多级模糊综合评价》，《农业技术经济》2013 年第 5 期。
83. 李士勇：《工程模糊数学及应用》，哈尔滨工业大学出版社 2004 年版。
84. 李秀丽、李东海：《〈农民专业合作社法〉实施中的相关法律问题探析》,《山东社会科学》2009 年第 9 期。
85. 李玉新、靳乐山、徐福英:《乡村旅游专业合作社成员满意度研究——基于山东省莱芜市 C 村和 F 村的调查与比较》,《西北农林科技大学学报》(社会科学版)2013 年第 1 期。
86. 李忠民、徐捷:《工作内嵌入对组织支持感受和工作绩效的中介效应——基于中国民航企业的实证研究》,《西安财经学院学报》2013 年第 2 期。
87. 林乐芬、王军:《农户对农地股份合作社满意认可及影响因素分析——以浙江余姚市瑶街弄村昌惠土地股份合作社为例》,《南京农业大学学报》(社会科学版)2010 年第 4 期。
88. 刘滨、黎汝、康小兰:《农民专业合作社联社行为实证分析——以江西省为例》,《农业技术经济》2016 年第 3 期。
89. 联合国粮食及农业组织:《中国集体林区农民林业专业合作组织研究》,中国农业出版社 2012 年版。
90. 廖文梅、孔凡斌:《农户参与林业合作组织意愿的影响因素研究——以江西为例》,《江西财经大学学报》2012 年第 4 期。
91. 廖媛红:《农民专业合作社内部社会资本对成员满意度的影响——以管理正规化程度为调节变量》,《经济社会体制比较》2012 年第 5 期。
92. 廖媛红:《农民专业合作社的内部信任、产权安排与成员满意度》,《西北农林科技大学学报》(社会科学版)2013 年第 5 期。
93. 林钟高、徐虹、吴玉莲:《交易成本与内部控制治理逻辑——基于信任与不确定性的组织内合作视角》,《财经研究》2009 年第 2 期。
94. 凌文辁、杨海军、方俐洛:《企业员工的组织支持感》,《心理学报》2006 年第 2 期。
95. 马九杰、徐雪高:《市场结构与订单农业的履约分析》,《农业经济问题》2008 年第 3 期。
96. 马惊鸿:《农民专业合作社组织属性反思及法律制度创新》,《政法论丛》2016 年第 2 期。

97. 曼昆:《经济学原理》(第5版),北京大学出版社2009年版。
98. 毛文坤、王明东、杨子刚等:《影响社员对农民专业合作社满意度的因素分析》,《吉农户业大学学报》2012年第6期。
99. 牛西平:《农户参与专业合作社的意愿及其满意度分析》,硕士学位论文,西北大学,2011年。
100. 潘劲:《中国农民专业合作社:数据背后的解读》,《中国农村观察》2011年第6期。
101. 秦海霞:《社会关系网络的生产及地方化延续》,人民出版社2007年版。
102. 邱皓政:《量化研究与统计分析》,重庆大学出版社2009年版。
103. 荣泰生:《AMOS与研究方法》,重庆大学出版社2009年版。
104. 邵科、徐旭初:《合作社社员参与:概念、角色与行为特征》,《经济学家》2013年第1期。
105. 邵科、徐旭初、黄祖辉:《农民专业合作社成员异质性与参与动机》,《青岛农业大学学报》(社会科学版)2013年第4期。
106. 沈月琴、徐秀英、吴伟光等:《浙江省林业专业合作经济组织发展对策研究》,《浙江林业科技》2005年第2期。
107. 石伟:《国有企业员工离职意愿影响因素的实证研究》,《江海学刊》2005年第3期。
108. 孙家乐、许品芳:《经济数学方法》(第1版),东南大学出版社2003年版。
109. 孙亚范:《农民专业合作社社员退出意愿的影响因素分析——基于江苏省的调查数据》,《南京农业大学学报》(社会科学版)2010年第4期。
110. 谭小宏、秦启文、潘孝富:《企业员工组织支持感与工作满意度、离职意向的关系研究》,《心理科学》2007年第2期。
111. 唐陆法、刘瑛、王雅娟等:《淳安县农村林业专业合作经济组织现状与发展对策研究》,《中国林业经济》2007年第5期。
112. 王登举、李维长、郭广荣:《我国林业合作组织发展现状与对策》,《林业经济》2006年第5期。

113. 王桂涛、胡申、康凯丽、温亚利：《影响农户参与林业合作经济组织的因素分析——基于北京市农户的实证》，《林业经济问题》2011 年第 2 期。
114. 王军、邵科：《理监事会特征对农民合作社绩效的影响——基于我国果蔬合作社的实证分析》，《西部论坛》2015 年第 6 期。
115. 王晓阳、张连刚：《政府在林业专业合作组织发展中角色定位的认知差异研究》，《林业经济问题》2016 年第 2 期。
116. 王晓阳、张连刚：《后林改时期农户专业合作社规模扩张实现路径分析》，《中国林业经济》2016 年第 1 期。
117. 王永龙：《社会资本建构与农民合作经济组织互补性治理》，《经济学家》2012 年第 6 期。
118. 魏钧、陈中原、张勉：《组织认同的基础理论、测量及相关变量》，《心理科学进展》2007 年第 6 期。
119. 魏钧：《主观幸福感对知识型员工组织认同的影响》，《科研管理》2009 年第 2 期。
120. 魏治全：《前进中的东村西山股份制合作林场》，《云南林业》2009 年第 5 期。
121. 吴明隆：《结构方程模型——AMOS 的操作与应用》，重庆大学出版社 2009 年版。
122. 肖友利、刘凤：《社员对专业合作社满意度影响因素分析——基于对成都农民专业合作社调研的实证研究》，《经济与管理》2012 年第 9 期。
123. 谢和生、李智勇：《集体林权制度改革下农户合作组织研究综述》，《林业经济》2010 年第 12 期。
124. 谢启超、郑华：《发达地区土地股份合作社社员满意度影响因素分析——基于苏州吴中区 21 家合作社 331 个农户的调查》，《西部论坛》2011 年第 5 期。
125. 谢彦明、何博、汪戎：《合作社的异化与前瞻：效率与公平的权衡、增长与发展的取舍》，《新疆农垦经济》2015 年第 5 期。
126. 徐宏潇、赵硕刚：《农民专业合作社发展的制约因素与政策建议》,《宏观经济管理》2015 年第 1 期。
127. 徐建春、李长斌、徐之寒等:《农户加入土地股份合作社意愿及满意度分析——基于杭州 4 区 387 户农户的调查》,《中国土地科学》2014 年第 10 期。
128. 徐旭初:《农民专业合作社发展辨析:一个基于国内文献的讨论》,《中国农村观察》2012 年第 5 期。
129. 徐旭初:《走向供应链管理:农业合作社的困境与创新》,《农村经营管理》2007 年第 1 期。
130. 徐旭初:《农民专业合作社绩效评价体系及其验证》,《农业技术经济》2009 年第 4 期。
131. 徐志刚、张森、邓衡山等:《社会信任:组织产生、存续和发展的必要条件?》,《中国软科学》2011 年第 1 期。
132. 许向阳、聂影、张建华:《政府在林业合作组织发展中角色定位的研究》,《林业经济》2007 年第 2 期。
133. 薛桂霞、孙炜琳:《对农民专业合作社开展信用合作的思考》,《农业经济问题》2013 年第 4 期。
134. 亚当·斯密:《国民财富的性质和原因的研究》,北京大学出版社 2009 年版。
135. 杨丹、刘自敏、徐旭初:《环境异质性、合作社交叉效率与合作关系识别》,《农业技术经济》2015 年第 3 期。
136. 杨群义:《农户专业合作社联合社的几个问题》,《农村财务会计》2012 年第 6 期。
137. 杨勇、包菊芬:《农民专业合作社的代际问题与效率提升》,《农业经济问题》2015 年第 8 期。
138. 姚瑶:《地方基层政府与农村合作社发展关系的研究:基于安徽省广德县的实证分析》,博士学位论文,安徽财经大学,2014 年。
139. 应瑞瑶、唐春燕、邓衡山等:《成员异质性、合作博弈与利益分配——一个对农民专业合作社盈余分配机制安排的经济解释》,《财贸研究》2016 年第 3 期。
140. 由卫红、邓小丽、傅新红:《农民专业合作社的社会网络关系价值评价体系与盈利绩效研究》，《农业技术经济》2011 年第 8 期。
141. 宇龙：《〈农民专业合作社法〉实施的实证调查与法律建议——以四川省农民专业合作社发展实际为例》，《农村经济》2016 年第 6 期。
142. 苑鹏、彭莹莹：《农民专业合作社开展信用合作的现状研究》，《中国合作经济》2013 年第 4 期。
143. 张静、支玲、段庆书、李洋：《云南省林业专业合作经济组织发展及对策研究》，《林业经济》2011 年第 8 期。
144. 张连刚、柳娥：《组织认同、内部社会资本与合作社成员满意度——基于云南省 263 个合作社成员的实证分析》，《中国农村观察》2015 年第 5 期。
145. 张连刚、支玲、谢彦明、张静：《农民合作社发展顶层设计：政策演变与前瞻：基于"中央一号文件"的政策回顾》，《中国农村观察》2016 年第 5 期。
146. 张连刚、支玲、张静等：《林业专业合作组织满意度的多层次模糊综合评价》，《林业科学》2014 年第 8 期。
147. 张连刚：《组织支持感对合作社成员满意度的影响研究——以成员参与为调节变量》，《统计与信息论坛》2014 年第 12 期。
148. 张连刚：《组织支持感对合作社成员退出意愿的影响——以组织认同和成员满意度为中介变量》，《西部论坛》2016 年第 2 期。
149. 张连刚、余侃：《基于利益相关者的林业专业合作组织满意度评价研究》，《林业经济问题》2015 年第 2 期。
150. 张连刚、柯水发：《农户对林业专业合作组织满意度的影响因素实证分析》，《西北林学院学报》2015 年第 1 期。
151. 张连刚、刘燕：《基于人口统计变量的林业专业合作组织成员满意度差异性研究》，《林业经济问题》2014 年第 5 期。
152. 张明林、付春：《集体选择、智猪博弈与农业组织的合作机制研究：一个林业合作社的例子》，《商业研究》2006 年第 6 期。
153. 张晓山：《合作经济理论与中国农民合作社的实践》，首都经济贸易大学出版社 2009 年版。

154. 张哲、周静、刘启明：《辽北地区农户参与农民专业合作社满意度影响因素实证分析》，《农业经济》2012 年第 2 期。
155. 赵国杰、吴连玉、张月晨、郭春丽：《基于农户满意角度的农民专业合作社组织管理制度研究——以河北省清苑县高优专业合作社为例》，《电子科技大学学报》（社会科学版）2009 年第 5 期。
156. 赵立新：《从社会资本视角看当今农村社会信任》，《重庆社会科学》2005 年第 2 期。
157. 赵凌云：《社会资本与农民专业合作社的发展——一个正式制度与本土资源相融合的视角》，《理论导刊》2008 年第 6 期。
158. 赵泉民：《转型期农民专业合作社现实困境与对策思考：基于乡村社会信任的视角》，《兰州学刊》2013 年第 1 期。
159. 赵涛：《管理学常用方法》，天津大学出版社 2006 年版。
160. 赵晓峰：《农民合作：客观必要性、主观选择性与国家介入》，《调研世界》2007 年第 2 期。
161. 赵雪雁：《社会资本测量研究综述》，《中国人口·资源与环境》2012 年第 7 期。
162. 周振、孔祥智、穆娜娜：《农民专业合作社的再合作研究——山东省临朐县志合奶牛专业合作社联合社案例分析》，《当代经济研究》2014 年第 9 期。
163. 朱琴芬：《新制度经济学》，华东师范大学出版社 2006 年版。

后　　记

本书是在我主持完成的国家社会科学基金（以下简称“国家社科基金”）研究报告的基础上修改而形成的。国家社科基金项目结项是一件不容易的事情，大多数主持完成过国家社科基金的同行估计会有同样的感受，我也不例外。自 2014 年以来，为了国家社科基金研究报告的完成，我倾注了大量的心血和精力。

国家社科基金项目的申请也颇费周折。2013 年年初，我第一次申请国家层面的基金。由于当时相关部门没有对基金申请进行限定，我同时申请了国家社科基金和教育部人文社科基金项目，这两个项目于 2013 年先后获批立项。由于同一选题不能同时立项，该年度更晚立项的国家社科基金被撤销，只有教育部人文社科项目获批正式立项。考虑到经费和项目级别的差异，我主动申请撤销了教育部人文社科基金项目，并于 2014 年年初继续申报国家社科基金项目。令人出乎意料是，上一年度已经获批立项的国家社科基金项目竟然在省内初审时没有通过。于是，我及时向国家社科规划办提出申诉，国家社科规划办才同意该项目出省参评。好事多磨，该项目于 2014 年度重获立项。这对于农林经济管理领域外行的我来说，是极大的鼓励。因为本人本科、硕士、博士三个阶段的研究方向都和农林经济管理无关。当然，这也给我带来了很大的压力。国家社科基金的立项一波三折，我更加珍惜这来之不易的机会，默默地发誓一定要珍惜这个机会，要认真做好该项目的研究。

2014 年年底，项目开展只有半年的时间我就住院了，医院下了病危通知书。当时，妻子承受着巨大的心理压力，白天在医院照顾我，晚上回家照顾我们刚满一岁的孩子。我的岳父岳母担心我，默默地在家里帮我们带孩子，承担了所有的家务。我的父母和我妻子的哥哥嫂子天天打电话给予我精神的鼓励。我的朋友，还有我的同事，我和我妻子的学生，在我住院期间，让我感受到了温暖和力量。有老师亲自喂我吃饭，有学生积极为我献血。学生为了看护我，晚上只睡两三个小时。在我住院和出院后，朋友和同事时常看望我，也经常问起我的病情，他们的话语给我战胜病魔的信心。虽然事情已经过去，我也完全康复，但这些场景至今我记忆犹新，因为他们在我最危急的时刻付出了真情，给予我最大的帮助。

在项目研究期间，我经常需要出差，妻子和我的父岳母承担了家中大量的琐碎事务，尽心照顾着我们的孩子，才使我能安心开展研究。

同时，我校经济管理学院的领导和同事，尤其是经贸系的老师，给予我很大的支持，为我提供各种帮助，为我的项目开展创造了轻松愉快的环境。我院支玲老师在论文写作、项目研究框架等方面提出了很多宝贵的意见。

此外，项目组的其他成员积极协助收集资料，并积极开展相关调研工作。同时，国家林业局、云南省林业厅等部门，为此项目的调研和资料收集提供了极大的便利。

在此，我郑重地对我的妻子、我的岳父岳母、我的父母和我的儿子，还有我所有的亲人、我的朋友、我的同事、我和我妻子的学生以及相关部门的同人表示真挚的感谢。本书今天的出版，离不开你们，离不开你们的付出和你们的帮助。

最后，感谢中国社会科学出版社卢小生老师，他作为中国社会科学出版社经济与管理出版中心主任和责任编辑，为该书的顺利出版付出了太多的辛苦与努力，他对文稿一丝不苟的认真态度令我感动，更值得我学习。

张连刚

2018 年 2 月于温哥华